THE SCHOOL OF COMMERCE

これが商学部シリーズ Vol.2

社会に飛びだす学生たち

地域・産学連携の文系モデル

明治大学商学部［編］

同文舘出版

序

～学生の「見える化」をめざした実践教育における試み～

「近頃の大学生はまじめだ」という言葉を聞くことが多くなりました。私もいろいろな大学で教えた経験がありますが、そう思います。もちろん、まじめであることは良いことです。きちんと出席し、テスト勉強を行い、単位を取得しなければ、専門的な知識を獲得し大学を卒業することはできません。しかし、こうしたまじめな学びのスタイルは、「覚えること」に主眼を置いた受動的な学習と結びつきやすく、その結果、自分なりの切り口で物事を考えたり、自分の考えを誰かに伝えて議論したりといった、より能動的な学習が影をひそめてしまっています。こうした学生は大学を出てから困惑するかもしれません。なぜなら、社会では課題の解決方法なんて誰も教えてくれませんし（もっというと課題が何であるかすら教えてくれません）、自分を主張せずに黙っていれば相手にさえしてもらえないこともしばしばあるからです。

こうした点に鑑み、明治大学商学部では、学生の「見える化」という目標を置いて、社会での要請に応えることのできる人材の育成を試みてきました。この学生の「見える化」には、2つの意味が込められています。1つは、社会に実存する現象や課題を自分の目で観察し考えることのできる人材、つまり「社会が見える人材」の育成です。もう1つは、自分の考えや企画を積極的に社会に情報発信することのできる人材、つまり「社会から見える人材」の育成を指しています。

そして、こうした目標を達成する舞台として、地域連携や産学連携を中核においた実践的な科目を展開しています。学生たちはフィールドに赴き、観察や調査を通じて課題を抽出し、意見をぶつけ合いながら課題の解決策を立案・実行し、最後にその成果を積極的に公表しています。そこでは、誰も答えなど教えてくれません。自分から成果を報告しなければ評価もしてもらえません。教員と学外の支援者はタッグを組んで、学生たちのこうした自主・自立的な学びがスムーズに進んでいくためのバックアップを行っています。

本書は、こうした商学部の実践教育における試みを紹介したものです。第1章から第3章までは地域との連携による自主・自立型実践教育の例を紹介しています。学生たちが、自分たちの目や耳や肌で感じた地域の課題に対して何ができるのかを模索していく中で成長していく様子や地域の教育力がそうした成長を支えている様子が描かれています。第4章では、国際的な連携による自主・自立型実践教育の例を紹介しています。外国の大学生とのビデオカンファレンスや国際会議での報告などの中で、悪戦苦闘しながらも決して受け身にならずに真摯に学ぶ様子が描かれています。第5章では、産学連携による自主・自立型実践教育の例が紹介されています。企業からの要請を受けた学生たちが、わからないことの連続に戸惑いながらも、企業での仕事の進め方やものの見方あるいは評価されるときの基準といったものを学びとり、自分を成長させていく姿が描かれています。また「結びにかえて」では、学生たち自身が「若者」という分析対象と課題を抽出し、その分析結果を自らの手で報道機関に伝えて社会に提言した事例を紹介しています。

商学部は「学理実際兼ね通ずる人材の養成」という教育理念を学部創設以来持ち続けてきました。つまり、専門的な知識を獲得することもそれを実際の課題解決に活用することも双方が重要であり、それらを兼ね備えた人材を作り出すことこそが使命であると考えてきました。本書で描かれている内容は、そうした理念を地域連携、産学連携という場の中で具現化した試みです。本書を通じて商学部の「今」の姿を感じていただけることを心より願っております。

明治大学　商学部准教授
福田康典

これが商学部シリーズVol.2

社会に飛びだす学生たち

～地域・産学連携の文系モデル～

もくじ

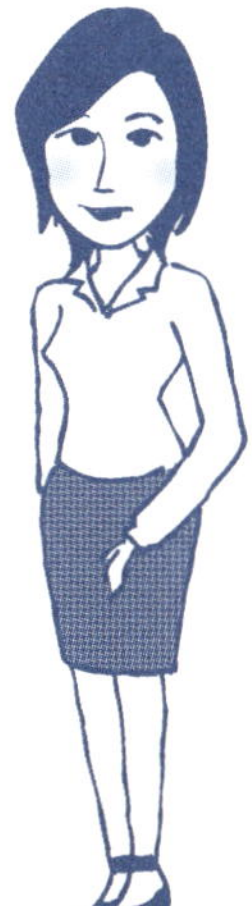

第3章 広域地域連携プログラム

第4章 国際連携・国際貢献プログラム

第5章 産学連携プログラム

◆イラスト（カバー・本文） 大竹 美佳

「見える化」を推進する仕組みの全体像

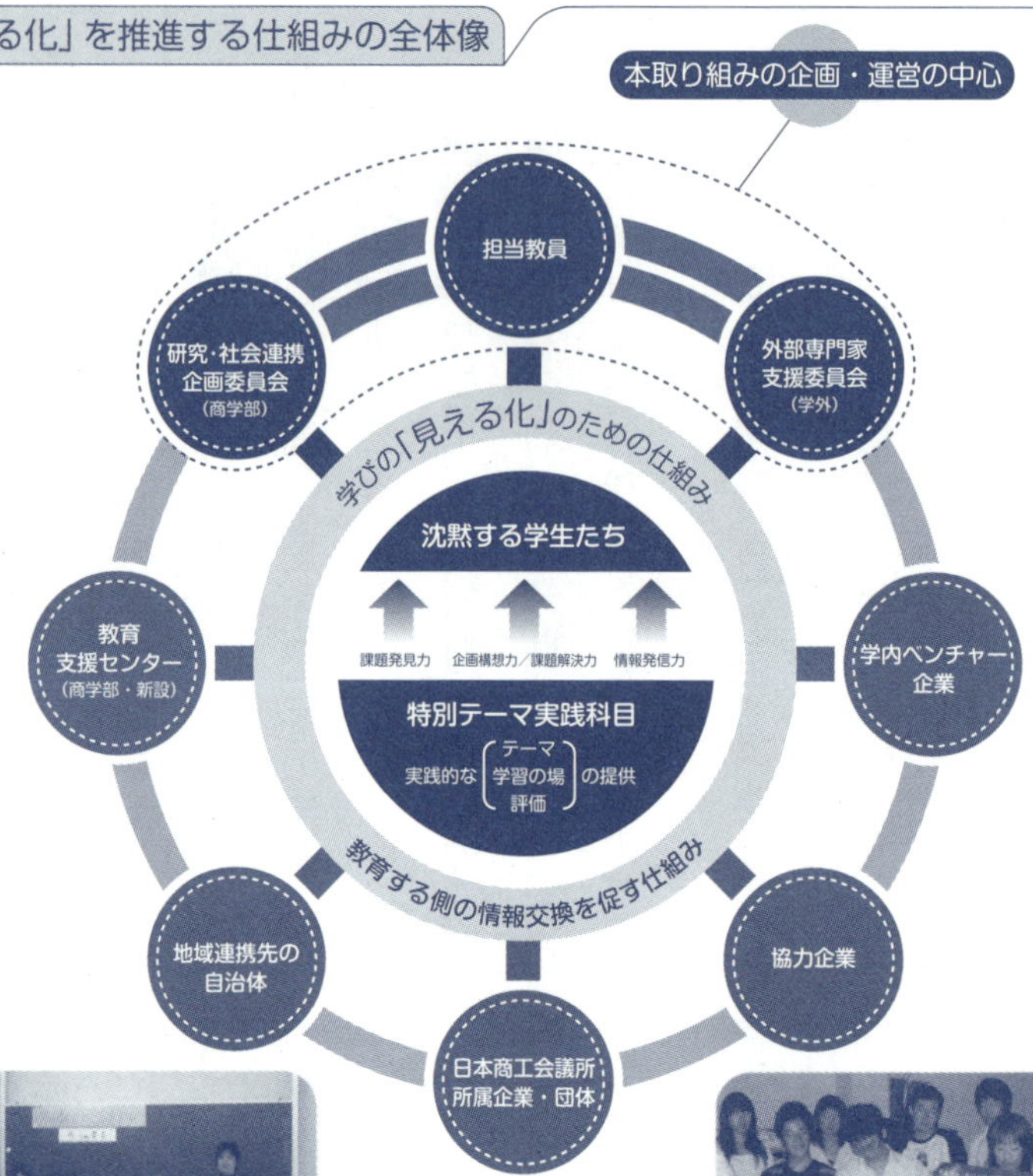

●学生による金銭教育の授業風景●

●南信州地域振興―ローソクを照明にNPOから情報収集、テーマは「エコ」●

実践的に学び、自主性を備える自立した人材を育む

見えない存在である、圧倒的多数の「沈黙する学生」 → 思考と表現力を取り戻し、自主・自立した「見える学生」

「個」を強くする！

沈黙打破プロジェクト → 目的 “学生の「見える化」”

成果目標
- ①テーマ・課題を自主的に発見する力や、与えられたテーマ・課題に対して問題解決に向けた適切な切り口を見出す力の育成
- ②課題に対する様々なアプローチの可能性を考慮し、解決策を企画構築する能力の育成
- ③自分の役割を意識しながら他者とのコミュニケーションを図る能力の育成

達成手段（取り組みの内容）
- ●地域・産学連携をベースとした特別テーマ実践科目の設置・展開
- ●デジタルコンテンツ化による“学習成果の「見える化」”

（注：上記は明治大学商学部の事例です。）

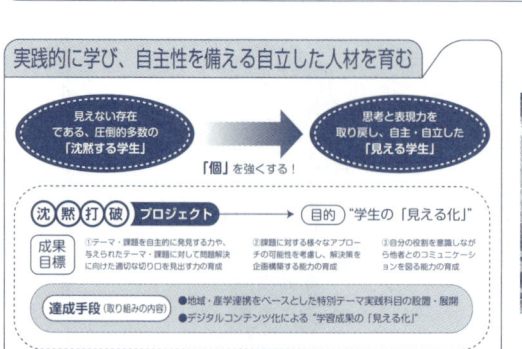

第1章

地域活性化プログラム

Y.Kumazawa

D.Kimura

1

商学部実践店舗『なごみま鮮果』

熊澤 喜章

こんにちは、ぼくマグオです。ぼくは神田の鍛冶町にある商学部の実践店舗『なごみま鮮果』のマスコットキャラクターなんだ。このお店は、三浦市のアンテナショップでもあるんだ。今日はこのお店ができたいきさつや目的を、熊澤喜章教授に聞こうと思って教授の研究室にやってきたんだ。

(1)『なごみま鮮果』ができたいきさつ

マグオ「先生、こんにちは！　今日はお約束していたお話を伺いにやってきました。よろしくお願いします！」

先生「やあ、マグオ君よくきたね。では、君にもわかるように、『なごみま鮮果』ができたいきさつや目的をやさしく話していくことにしよう。そこで、話は2005年にさかのぼるんだが、商学部は文部科学省が募集した『現代的教育ニーズ取組支援プログラム(現代GP)』っていうのに採択されたんだ。」

マグオ「なんだかむずかしい名前だなぁー」

先生「まあ聞きなさい。そこで商学部は『広域連携支援プログラム』という内容で、10のプロジェクトをたちあげ、地域社会への貢献をとおして、学生力をアップさせることを

ねらった。つまり、学生と地域の人たちとの交流をとおして、大学で勉強してきた学生の活力を地域社会の振興に役立てるのと同時に、『地域の教育力』で学生を育ててもらおうと思ったんだ。」

マグオ「ふーん……。学生が大学の外に出ていくってことかなぁ。」

先生「そう、そうなんだ。普段の大学の勉強というのは、教室のなかにすわって教授が話すことを一方的にきいているだけ。それで授業のおわりに試験やレポート提出があって、それで成績が評価される。教授が話したことはよくおぼえていて成績の良い学生はたくさんいるんだが、自分でものごとを考えて、自分で発言し、行動できる学生はほんとうにすくないんだ。このままでは、いつまでたっても受身の教育だよね。」

マグオ「そういえば最近の明治の学生さんはみんなおとなしくて、バンカラというイメージがないきがするなぁ。ハイカラさんばかりだよ。」

先生「バンカラとはすこしちがうイメージだけど、明治大学は『個』を強くする教育をめざしている。『個』を強くするためには、ひとの意見をきいたうえで、自分の考えをもち、自分で行動できることが大切だ。そのために、学生を大学の外にだして、現実の社会の人たちとふれさせようと商学部は考えた。それも、たんに社会を経験させるのではなく、地域社会に貢献する

明治大学商学部
100円

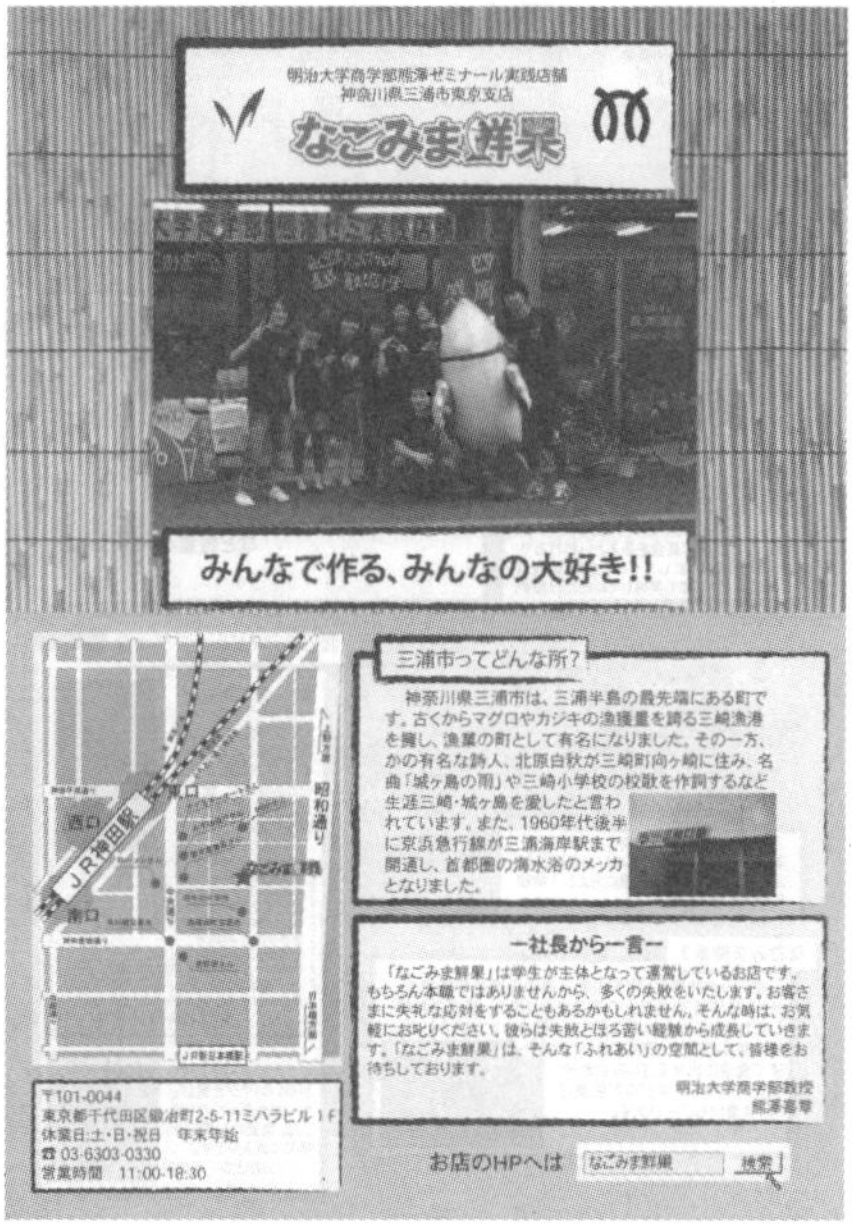
明治大学商学部熊澤ゼミナール実践店舗
神奈川県三浦市東京支店
なごみま鮮果
みんなで作る、みんなの大好き!!
JR神田駅
西口
南口
昭和通り
〒101-0044
東京都千代田区鍛冶町2-5-11ミハラビル1F
休業日:土・日・祝日　年末年始
☎03-6303-0330
営業時間　11:00-18:30
三浦市ってどんな所?
神奈川県三浦市は、三浦半島の最先端にある町です。古くからマグロやカジキの漁獲量を誇る三崎漁港を擁し、漁業の町として有名になりました。その一方、かの有名な詩人、北原白秋が三崎町向ヶ崎に住み、名曲「城ヶ島の雨」や三崎小学校の校歌を作詞するなど生涯三崎・城ヶ島を愛したと言われています。また、1960年代後半に京浜急行線が三浦海岸駅まで開通し、首都圏の海水浴のメッカとなりました。
ー社長から一言ー
「なごみま鮮果」は学生が主体となって運営しているお店です。もちろん本職ではありませんから、多くの失敗をいたします。お客さまに失礼な応対をすることもあるかもしれません。そんな時は、お気軽にお叱りください。彼らは失敗とほろ苦い経験から成長していきます。「なごみま鮮果」は、そんな「ふれあい」の空間として、皆様をお待ちしております。
明治大学商学部教授
熊澤喜章
お店のHPへは　なごみま鮮果　検索

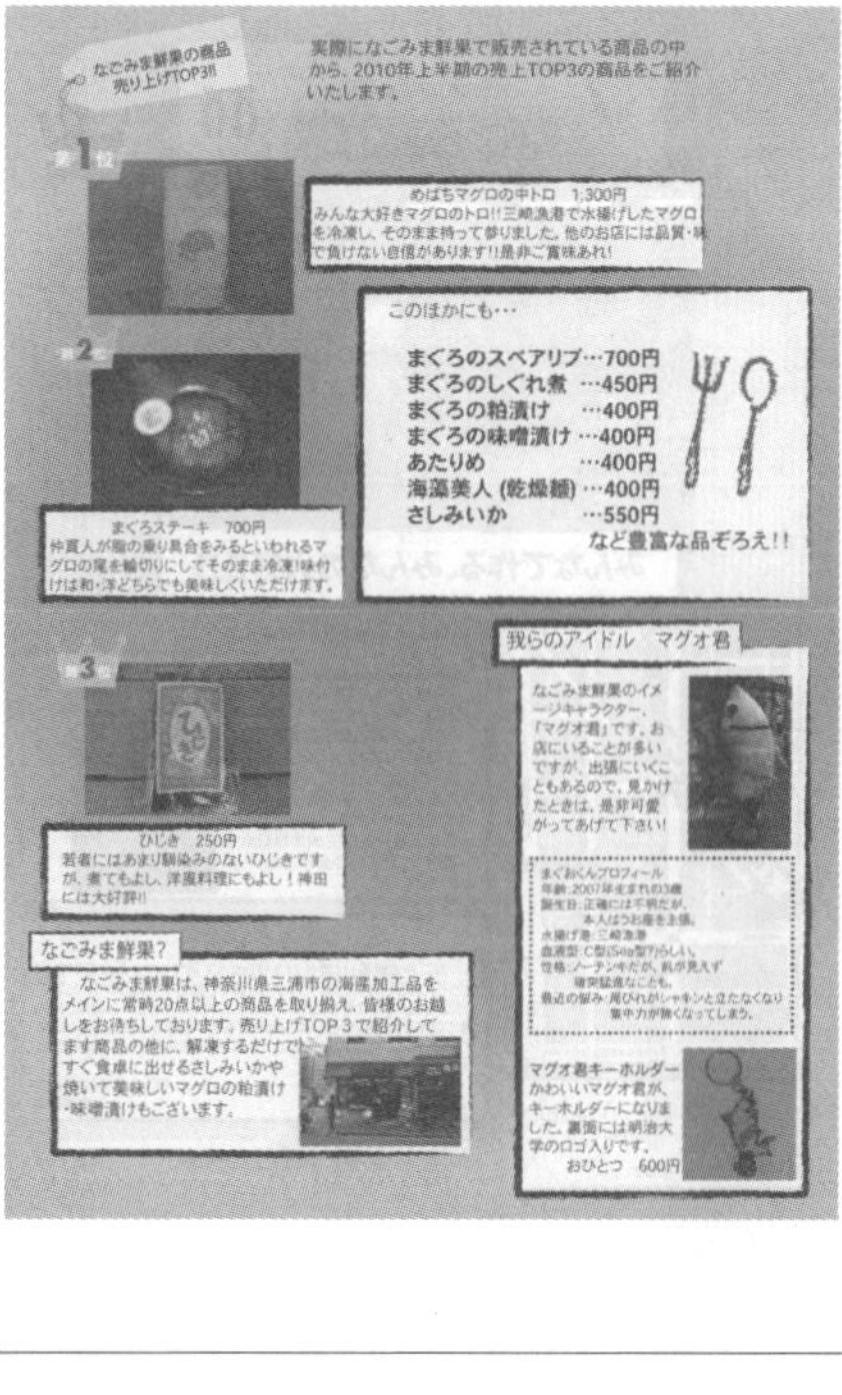
なごみま鮮果の商品売り上げTOP3!!
実際になごみま鮮果で販売されている商品の中から、2010年上半期の売上TOP3の商品をご紹介いたします。
第1位
めばちマグロの中トロ　1,300円
みんな大好きマグロのトロ!!三崎漁港で水揚げしたマグロを冷凍し、そのまま持って参りました。他のお店には品質・味で負けない自信があります!!是非ご賞味あれ!
第2位
まぐろステーキ　700円
仲買人が脂の乗り具合をみるといわれるマグロの尾を輪切りにしてそのまま冷凍!味付けは和・洋どちらでも美味しくいただけます。
このほかにも…
まぐろのスペアリブ…700円
まぐろのしぐれ煮…450円
まぐろの粕漬け…400円
まぐろの味噌漬け…400円
あたりめ…400円
海藻美人(乾燥麺)…400円
さしみいか…550円
など豊富な品ぞろえ!!
第3位
ひじき　250円
若者にはあまり馴染みのないひじきですが、煮てもよし、洋風料理にもよし!神田には大好評!!
我らのアイドル　マグオ君
なごみま鮮果のイメージキャラクター、「マグオ君」です。お店にいることが多いですが、出張にいくこともあるので、見かけたときは、是非可愛がってあげて下さい!
まぐおくんプロフィール
年齢:2007年生まれの3歳
誕生日:正確には不明だが、本人はうお座を主張。
水揚げ港:三崎漁港
最近の悩み:尾びれがシャキンと立たなくなり集中力が無くなってしまう。
マグオ君キーホルダー
かわいいマグオ君が、キーホルダーになりました。裏面には明治大学のロゴ入りです。
おひとつ　600円
なごみま鮮果?
なごみま鮮果は、神奈川県三浦市の海産加工品をメインに常時20点以上の商品を取り揃え、皆様のお越しをお待ちしております。売り上げTOP3で紹介してます商品の他に、解凍するだけですぐ食卓に出せるさしみいかや焼いて美味しいマグロの粕漬け・味噌漬けもございます。

ような取り組みを、プログラムのなかに仕込んでおいたんだ。」
マグオ「それで学生に店舗経営をさせようとしたんだね。」
先生「現代GPには、10のプロジェクトが含まれていると前にいったけれど、そのうちの1つが『空き店舗事業によるマーケティング教育の実践』というテーマで、学生に実際に店舗経営をおこなわせて、そこでマーケティングの実践を学ばせることが目的だったんだ。これこそまさに学生を社会にだして、『社会の教育力』で学生を育てるにはもってこいの方法だと思った。店舗の場所は千代田区内で、できれば大学にちかいところ、という具合に空き店舗をさがしだして、2006年の3月にようやく今の鍛冶町2丁目にきめたんだ。それこそ、足を棒にしてさがしまわったよ。」
マグオ「それはどうもご苦労様でした！　先生はちょっとメタボだから、ちょうどいい運動になったんじゃないの。でも、店舗の場所は大学の近くというのはわかるけど、どうしてそのお店が三浦市のアンテナショップになったの？」
先生「そこそこ！　三浦市と連携していなければ、マグオ君も生まれていなかったかもしれないからね。」
マグオ「そうだよ。そこを詳しく話してもらわないと、ぼくの出生の秘密が解きあかされないんだ。」
先生「出生の秘密か。なんだかサスペンスドラマみた

●改装前のお店●

いだな……。じゃあ、マグオ君は三浦市ときくとなにを連想する？」
マグオ「えーと、ぼくのなかまの三崎のまぐろでしょ、それから三浦大根、それから、えーと……、えーと……。」
先生「そう、三浦市ときかれて、その特産品や観光地をすぐにいえる人は案外少ないんだ。三浦市は神奈川県の三浦半島の先端に位置する、人口5万人弱の町なんだが、ここのところ人口の流出がすすんでいた。産業としてはさっきマグオ君がいった漁業や農業の一次産業が中心で、今まで積極的に工場誘致をおこなってこなかったので大きな工場はなく、三次産業としては三浦海岸、城ヶ島、油壺マリンパーク等の観光地があるけど、人でごったがえすほど人気の状況ではない。」
マグオ「東京から電車で1時間ちょっとなのに、人口が減っているんだ。」
先生「そうだね、普通、東京から1時間半ぐらいの圏内だったら、ベッドタウンとして人口が増えていそうだけど、三浦市はそうではなかった。このままでは首都圏のなかで埋没してしまう、と感じた三浦市の吉田市長さんは、三浦市を県外の人たちにアピールしようと、ある計画をねったんだ。まず第一に、東京に住んでいる人に三浦市を知ってもらおう、そして三浦市に来てもらおう。次に、何度もくるうちに三浦市の良さがわかってもらえたら、三浦市に住んでもらおう。そうすれば、三浦市の観光業も発展するし、人口も増えていくだろう。こうして、三浦市東京支店構想がわきでてきたんだ。」
マグオ「普通、大きな会社は東京に本社があって、地方に支店があるけれど、三浦市の場合は、まったく逆だね。」
先生「そこが発想の転換だ！　しかも、三浦市を宣伝するためのキャッチフレーズが『周

三浦市のイメージ

●三崎のまぐろの競り●

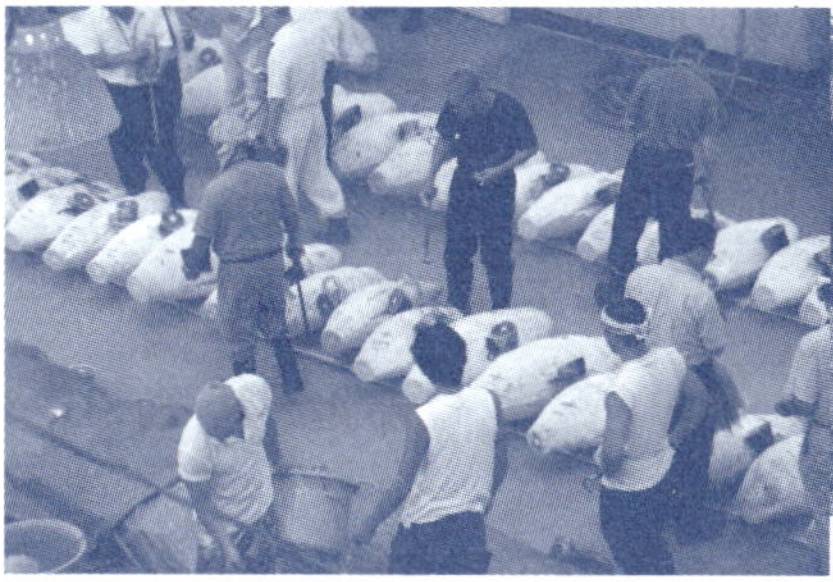

●三浦海岸大根干し●

●三浦海岸●

●城ヶ島港●

●油壺マリンパーク●

●マリーナ●

●いか天日干し●

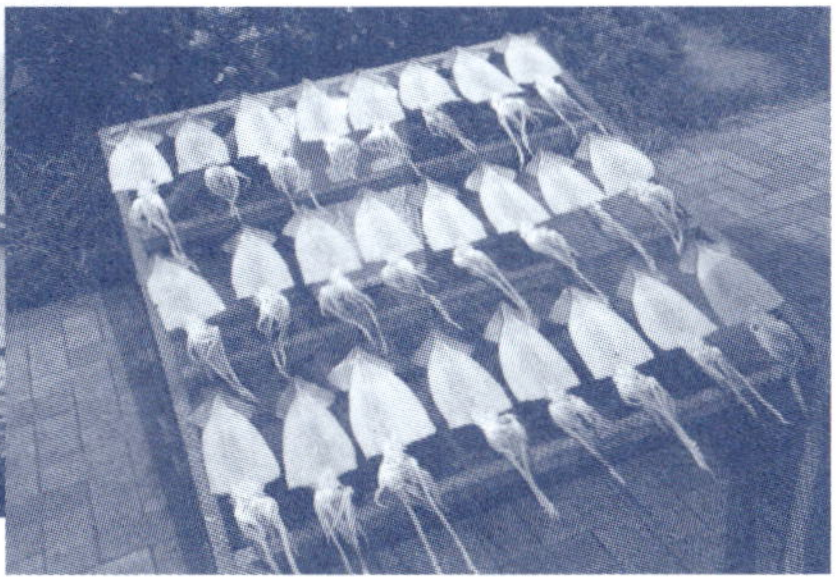

回遅れのトップランナー』だ。漁業・農業の一次産業が中心で、いままで工場の誘致などをやってこなかった三浦市にはゆたかな自然がのこされている。これこそまさに、三浦市のウリなんだ。今まで、他の自治体の後ろを遅れに遅れて走っていた三浦市が、スローライフや環境保全・自然保護が重視されるようになった現在、逆にみんなのトップを走っているということだ。ここまでくると、意地っ張りもたいしたもんだ。」

マグオ「でも、小さな市が、東京に支店を開くのってたいへんだよね。」

先生「そりゃそうだ。でもその時、三浦市の人たちは、明治大学の学生が嬬恋村の野菜を売っている店が、神田にあることを知ったんだ。それが、商学部の水野勝之教授が千代田区の助成をうけてたちあげた『神田ふれあい市場』という八百屋さんだった。嬬恋村にできるのなら、三浦市もできないはずがない。三浦市のひとたちはすぐに水野先生をたずね、もう1店舗三浦市のために店をだしてもらえないかと懇願した。ちょうどそのときが、商学部が現代GPに採択され、空き店舗事業をはじめようとしたときだった。」

マグオ「まさに、グッドタイミング。だから『なごみま鮮果』は三浦市東京支店なんだね。」

先生「さて、研究室での話はこのぐらいにして、実際に『なごみま鮮果』にいってみようか。マグオ君は歩けるんだよね。」

マグオ「えへへ……。ぼくは新型のまぐろなんで足があるんだ。みんな、さかなに足があるって不思議がるけど、これならどこへでも出張オーケーさ。」

(2)『なごみま鮮果』の目的

御茶ノ水から中央線に乗り、神田駅東口にやってきた先生とマグオ君。

神田駅界隈の風景

先生「神田駅はいつもサラリーマンが多くて、みんないそがしそうだね。」

マグオ「ほんと、ほんと。ビラを配ってってもだれもうけとってくれない。人通りはたくさんあるのに。みんな、どこいくのかな。いてっ！　尻尾ふまれた！」

先生「マグオ君、気をつけて！　さて、横断歩道をわたって、銀行の横をぬけてっと、そこのかどを右にまがると、あった、あった、『なごみま鮮果』だ。」

マグオ「先生、いつも疑問に思っていたんだけど、神田駅はあんなに人が多かったのに、たった3分歩くと人通りもまばらだよね。三浦市をアピールするなら、もっと賑やかなところのほうが良かったんじゃないの？」

先生「マグオ君はそう思うかい。じつは、店を出す前に千代田区の商工課に挨拶にいったんだ。そこで、学生に店をやらせたいと話をしたところ、3つのお願いがあるといわれた。1つめは、千代田区も賑やかな場所ばかりではない、シャッター通りといわれるように、店をしめてしまって活気がうしなわれてしまった場所も多い。そうしたところで学生さんに店をやってもらって、町に活気

を取り戻してもらいたい。2つめは、千代田区にも少ないとはいえ、住人がいるが、その人たちは生鮮三品の買い物に不自由している。できれば、肉屋か八百屋か魚屋をだしてほしい。3つめは、千代田区にもわずかながら生鮮三品をあつかう商店があるが、そこと競合する場所には店を出さないでほしい、というものだった。」

マグオ「ひゃー……。それじゃぁ、商売にならない場所で、むずかしい商売を、人の力を借りずに、いちからやるようなものだね。」

先生「だからこそ、学生にとってはマーケティングや店舗経営の良い勉強になるんだよ。だまっていてもお客さんがはいるような場所じゃ、誰でもできるし、勉強にならないだろ。それと、マグオ君、あたりをみまわしてみて、なにか気がついたことがあるかな?」

マグオ「そうだなぁー……。ビルばかりなんだけど、丸の内なんかと違って、4、5階建ての小さなビルが多いなー。」

先生「そうだね。千代田区とひとくちにいっても、丸の内のような高層建築がたちならぶオフィス街もあれば、麹町のような高級住宅街もある、秋葉原の商店街もあれば、ここのように中小の貸しビルが密集している場所もある。」

マグオ「千代田区も多様なんだね。」

先生「ここらへんの中小のビルの最上階には、たいてい、ビルのオーナーさんが住んでいる。息子さんや娘さんは土地がたかくて、とても近隣には住めないから近郊に出ていってしまった。ということで、このへんには中高年の人が多く住んでいるんだ。昼間はサラリーマンがたくさんいるが、夜や土曜・日曜はめっきり人通りが少なくなる。生鮮三品の買い物をする場所はない。ここいらへんの人は、地下鉄にのって三越まで食品を買

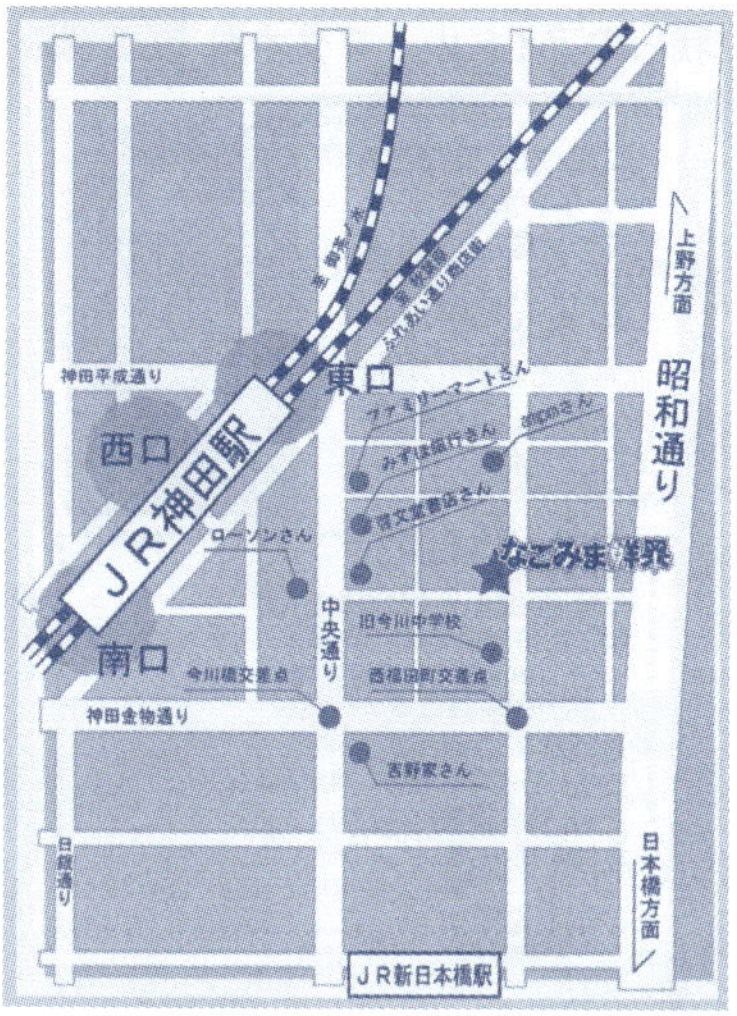

いにいくそうだ。」

マグオ「贅沢だけど、不便そうだね。」

先生「そうだね。こういう中高年の人が多いまちだから、学生が店をやって活気をとりもどすことも、1つのまちおこしになるんだ。」

マグオ「そうか、今までまちおこしというと、地方のさびれた場所を賑やかにするものだと考えていたけど、こんな都心でも、まちおこしが必要なんだね。」

先生「さて、この鍛冶町2丁目に店を出すことに決めたんだが、店の改装費には現代GPの予算は使えない。すべて、材料を買ってきて、学生の手作りで店を準備しなければならなかった。そこで、2006年の4月に、当時、2年生の教養ゼミの学生を募集し、男子11人、女子11人の合計22人で店作りをはじめたんだ。」

マグオ「自分たちで、自分たちの店を作っていくなんて、ワクワクするね。」

先生「そりゃーもう、みんな張り切って、男子も女子も、のこぎりやかなづちを片手に店作りにはげんだ。たんに店作りだけではない、みんなで集まるゼミの時間に、店の名前やモットーも考えた。そして、ゼミ生のアイデアで決まった店名が『なごみま鮮果』、店のモットーは『みんなで作る、みんなの大好き！』だったんだ。」

マグオ「へぇー、店の名前やモットーも学生が考えたのか。『みんなで作る、みんなの大好き！』って、すごく楽しそうだよね。みんなが協力して、1つのことをやりとげよう、とする気持ちがつたわってくるなぁ。それと、『なごみま鮮果』って、とてもいいづらいんだけど、

店作りの様子

『なごみま鮮果』のロゴ

なごみま鮮果

どんな意味があるのかな？」

先生「マグオ君もやっぱりいいづらいのかい。じつは、わたしもよく口がまわらないんだ。『なごみま鮮果』の『なごみ』は『和み』を意味していて、人とやさしくふれあい、ゆったりした気分を味わってもらうことをあらわしているんだ。都会の喧騒のなかで、慌しく働いている人たちに、三浦市のゆっくり流れる時間を、店のなかで体験してもらいたい、つまり店のなかで『和んでみませんか』、ということなんだ。そして、最後の『せんか』に、三浦市の新鮮なさかなのイメージとしての『鮮』の字と、三浦市のもう1つの特産品である青果の『果』の字をあてたんだ。」

マグオ「そうか、たんなる語呂合わせだけかと思っていたら、店の名前にも三浦市をアピールするような意味がこめられていたんだね。」

先生「マグオ君、ちょっと店の看板をみてごらん。これも学生の手作りなんだけどね。糸鋸をひきながら、何ヶ月もかけて作ったんだ。」

マグオ「はい、先生。とってもカラフルな看板だね。あれれ……、『鮮果』の漢字がちょっとかわってます！」

先生「そう、『鮮』の字の魚偏が魚の絵になっているだろ。それと『果』の字のまんなかの縦棒が大根の絵になっている。これも学生が考えだしたロゴなんだ。みんな、アイデアをだしあって店を作っていったんだ。そうして、2006年6月27日、店はようやく開店の日をむかえた。学生たちと私の骨折りが報われた、歓喜の日だったな。『みんなで作る、みんなの大好き！』が現実になったんだ。」

マグオ「そういえば先生、みんなには作業は『安全第一』っていってたのに、1人だけ左

開店式

手の薬指を骨折してましたよね。あわてものなんだから。」

先生「とほほ……、面目ない。つい作業に手を出して、いすから落っこちてしまった。一生の不覚だったな。とにかくこうして、学生が作り、学生が仕入れ・販売・マーケティングをおこなう学生の店が誕生したんだ。開店の日には、三浦市からも多くの人たちが応援にかけつけてくれた。みんな、自分たちの情報発信基地ができたことに喜んでいたよ。」

マグオ「なるほど、千代田区の町おこしでもあるし、三浦市の地域振興でもある。この2つを結びつける役割を学生たちがやっているんだね。」

先生「場合によっては大学というのは近隣住民にとってみれば、迷惑施設の側面を持っているんだ。ごみはちらかすし、ペチャクチャ喋りながらダラダラ歩く、酔っぱらえば大声をだす。こんな大学生でも、地域のために貢献している、地域の構成員の1人なんだ、ということを住民の方々に理解してもらいたい。それと地域住民の方々に気楽に店にきてもらって、学生たちと話をしてもらいたい。それが『なごみま鮮果』の役割だと思っているんだ。さあ、マグオ君、店のなかにはいってみよう。」

(3)『なごみま鮮果』の運営方法

先生とマグオ君が店内にはいると、学生の元気な声がきこえてきた。

学生「いらっしゃいませ！」

先生「やあ、ごくろうさま。今日の売り上げはどうだい？」

学生「まあまあ、というか、そこそこ、というか、いつもの調子です。」

マグオ「どうもごくろうさま！　みんな、いつも交代で、朝のそうじから、店番、夕方の売り上げチェックまで、たいへんだよね。先生も学生たちのアルバイト料を払うの、たいへんでしょう。」

先生「いや、ちがうんだ。みんな、授業のあいまをぬって、シフト制で店番をしているんだが、じつは無給で働いているんだ。そこがアルバイトとちがうところだ。アルバイトでも社会の人たちと接することはできるけど、アルバイトは上司からいわれたことだけをしていればいいだろう。いわれたことを時間内にきちんとこなす、これも社会にでて必要な能力だ。だけど、それでは自分で考えて、自分で行動したことにはならない。この店番は、自分の店のためになにをすればいいだろう、ということをつねに考えながらやる必要があるんだ。ここは、こうしたマーケティングや店舗経営の実践を学ぶところだから、給料はでないわけだ。」

マグオ「うひゃ！　きびしいんだね！　でも自分の夢を実現させた人たちって、損得ぬきで一生懸命働いた人が多いよね。それで、学生さんたちは、他にどんな仕事をしているの？」

先生「現在の店の組織は、会社のような組織になっているんだ。もちろん私が社長なんだけどね。えっへん！」

マグオ「おや、なんだかえらそうだな。ほんとの社長みたいだな。」

先生「さて、店の責任者として店長さんがいるんだが、この人は三浦市の職員の方で、『なごみま鮮果』に常駐しているんだ。明治大学が家賃や光熱費を負担して、三浦市が店長

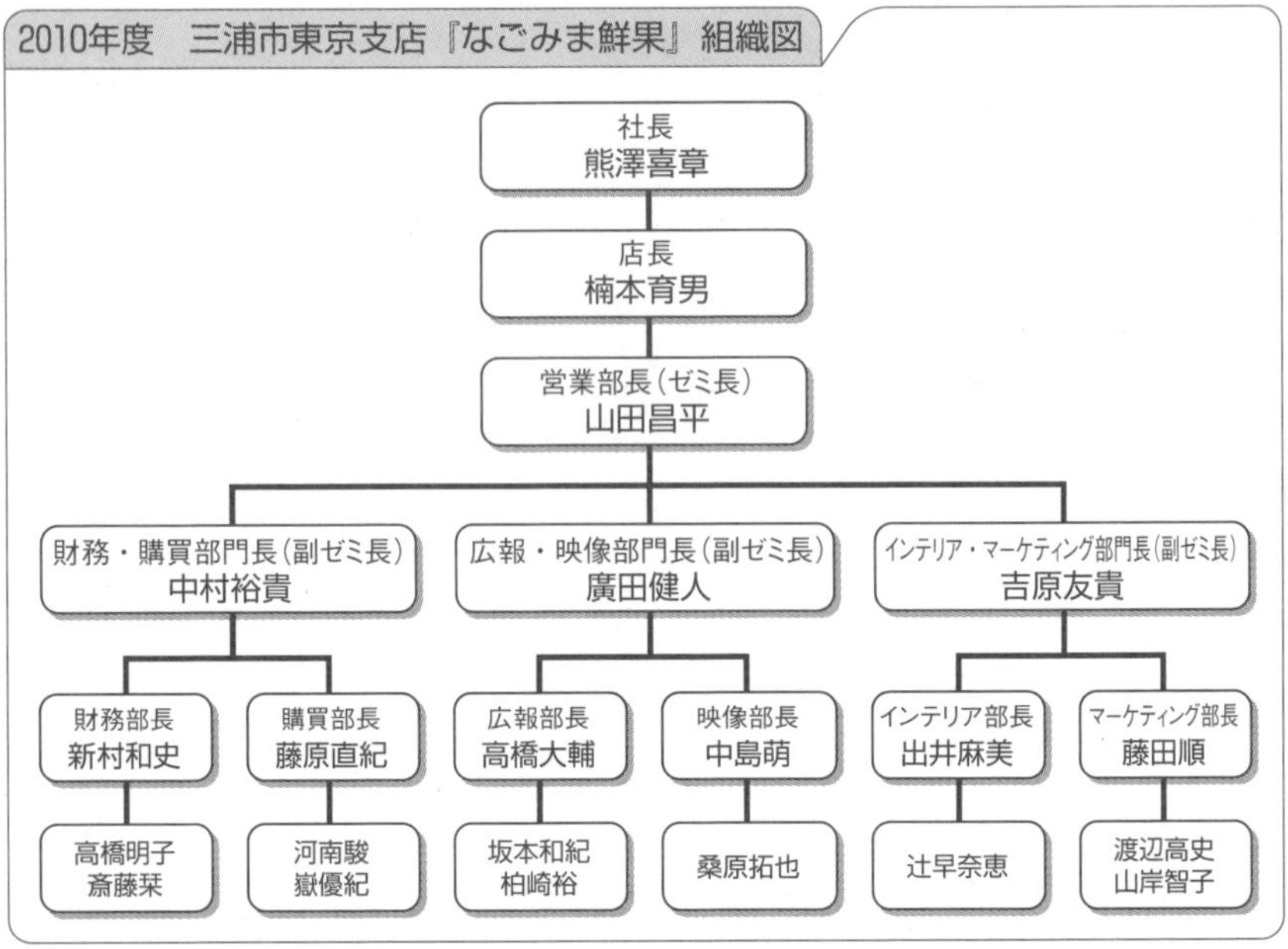

の人件費を負担しているという関係だ。次に、2年生のゼミを例にすると、この店を運営している熊澤ゼミのゼミ長が、営業部長として全体を統括している。このもとに、3つの部門と6つの部がある。部は、財務部・購買部・広報部・映像部・インテリア部・マーケティング部の6つで、それぞれに部長がいる。また、副ゼミ長が3人いて、それぞれ財務・購買部門担当、広報・映像部門担当、インテリア・マーケティング部門担当の部門長となり、この副ゼミ長3人とゼミ長の4人で、企画室を運営しているという具合だ。詳しくは、組織図をみてもらおう。」

マグオ「すごい！　先生、なんだかほんとうの会社みたいだね。」

先生「でもマグオ君、やたらと長のつく人が多いと思わないかい？」

マグオ「そうだね。先生の2年生のゼミは20名だから、半数が、なにかの長をやってるってことか。役職者、乱発だね。」

先生「そこがねらいなんだ。みんなヒラのメンバーだと、なんでもリーダーにたよっちゃうだろう？　それでは、みんなで店をやっていることにならない。みんながなにかに責任をもって、店をきりもりしていくことが大切なんだ。ゼミの時間は営業会議で、各部がこれまでやってきたこと、これからや

ることを報告する。それを検討しながら、企画室は今後の店の運営企画を練っていくんだ。たとえば、『なごみま鮮果』の4周年企画では、企画室が店でのイベントや試食会・福引などの企画をだす。財務部は、どのくらいの売り上げをあげれば、どのくらいの利益があがるか、店の改装にはどのくらいまでだせるかを見積もる。購買部は4周年にあわせて、新商品が販売できないか検討し、試食会をやるなら、仕入れ業者さんに無償で試食品を提供できないか交渉する。映像部や広報部は新しいチラシのデザインを考え、マーケティング部は、チラシの配布方法や常連客へのダイレクトメール等の顧客管理をする。インテリア部は、店の内装を華やかにし、4周年のイベントをもりあげるような飾りつけをおこなう、といったぐあいだ。」

マグオ「みんな、それぞれに責任をもって、店の経営にあたっているんだね。でも先生、最初に店をたちあげたゼミ生は、いちから店を作っていくってことで、みんな目標があって、モチベーションがたかかったと思うんだけど、2年目、3年目となると、だんだんモチベーションがさがってこない？　先輩から受け継いだ店を、ただ継続しているだけだってきにならないかな？」

先生「そう、そこが問題なんだ。中小企業論にも、三代目の没落理論っていうのがあるんだけど、同じような問題かな。それを回避するために、学生にどんどん新しいアイデアをだしてもらって、店がつねに進化し続けるような仕組みを考えなければならない。2年目には店のプロモーションビデオを作製したり、店のマスコットキャラクターを誕生させたりしたんだ。そうして生まれたのが、マグオ君なんだ！」

マグオ「先生！　ようやくぼくの誕生の秘密にたどりついたね！　そうか、ぼくも学生の

●めいじろうとマグオ君●

●店内のマグオ君●

アイデアから生まれたのか。ぼく、ほんとうに生まれてきてよかったよ！　なんたって、こどもからお年寄りまで、みんなの人気者なんだ！」

先生「そうだね、小学生も中学生も高校生も、そして大学生や大人たちも、マグオ君が大好きなんだ。そこで、もうすこし秘密を話すと、マグオ君は、当然うお座生まれで、血液型はC（Sea）型？　身長と体重はその時しだいで……。」

マグオ「先生！　あまり変なこと、バラさないでよ。こどもたちには夢があるんだから。」

先生「そうだね。イベントのときなど、マグオ君の集客効果は抜群だよ！　さて、マグオ君、ちょっと外にでてみよう。」

(4)『なごみま鮮果』の成果と課題

先生とマグオ君は、神田の町をぶらぶらしている。

マグオ「ところで先生、ぼくの集客効果は抜群だけれども、店はもうかってるの？」

先生「いやぁー。痛いところをつかれたな。それが、努力の割にはもうけは少ないんだ。小口取引で、配送費が高くつくし、価格をあまり高くできないから、利幅が少ないんだ。それと、

店の立地を決めるときに話したけど、ここはそんなにたくさん売れて、もうかる場所じゃない。」
マグオ「それじゃぁ、マーケティングや店舗経営の実践教育というのは、あまり効果がないのかな？」
先生「マグオ君、そうじゃないんだ。前にもいったけれども、困難な状況で店の売り上げを伸ばすことは、学生にとってみれば、またとない教材なんだ。普通の店なら、こんな売り上げでは、数ヶ月で店を閉めてしまうだろう。だけど、いろいろと試行錯誤し、失敗を重ねることから学んでいく。失敗から学ぶことが大切なんだ。」
マグオ「そうだね。ほんとうの会社なら、失敗したらまわりからの評価は下がるし、つぎのチャンスも、いつくるかわからないけど、ここなら、思い切って、考えていることを実行に移せるね。」
先生「そう、思ったよりも売れなかったり、思いもかけず、売切れてしまったり。仕入れの業者さんに怒られたり、お客様に喜んでもらえたり。日々、ちいさな失敗や成功を積み重ねていく。そのなかで、学生が『人間』として成長していくんだ。それが、『なごみま鮮果』を運営していく意義だと思う。じつは、マーケティングや店舗経営の実践教育よりも、学生の『人間力』の育成、つまり、人と話をして、相手の立場を理解すること、その理解のもとに自分に何ができるかを考え、行動できること、こうしたことを実践できる人材を教育することのほうが、この店の目的であり、成果だと考えているんだ。」
マグオ「そうか、人間としての成長か。」
先生「マグオ君、前に空き店舗を探すために千代田区中を歩きまわったといったけれど、

今ではここに決めて良かったと思っている。このへんは中高年の住人が多いが、みんな一生懸命、町会組織などのコミュニティーをまもろうとしている。お祭りやイベントもみんなで力をあわせて盛り上げようとしているんだ。店で高校生が自分たちで育てた野菜や卵を売っていると、おばちゃんたちの口コミでつぎからつぎへとお客さんがやってくる。夏も盛りのころだったので、高校生たちが道にでて、大きな声でお客さんを呼び込んでいると、隣の事務所のおじさんが、そっと扉を20センチくらい開けてくれる。事務所からは冷たい空気が流れてきて、汗だくの高校生もほっと一息つく。こうした、なにげない思いやりの心が、このあたりの人たちにはあるんだ。」

マグオ「ここは下町だし、昔の江戸っ子気質が残っているんだね。」

先生「世のなかはインターネット時代で、なにもかも無駄を省き、人間を極力排除するようなビジネスが成立している。だけど、ここでの商売は、むかしながらの人と人とが話をする商売に徹したんだ。それが、いつの時代でも商売の基本だと考えたからだ。自分たちが売っている商品の背後には、材料を調達し、それを加工している業者さんがいる。その業者さんと会って、商品にこめられた熱意を理解して販売をおこなう。商品を購入していただいたお客様の背後には、家族との団欒があり、この商品をかこむ食卓がある。この商品を作った業者さんの熱意が、食卓をかこむお客様の家族にとどけられれば、こんなありがたいことはない。その架け橋の役割を、商品を販売する学生には、はたしてもらいたいんだ。だから、みんな自分たちで売っている商品を、自分たちで食べてみて、商品の説明がしっかりできるようにしているんだ。」

マグオ「ただ、店番をしているだけかと思ったら、みんな随分と勉強しているんだね。感

町の人たちとの交流

●もちつき大会●

●マグオ君と子供たち●

●神田おとな縁日●

●神田フリーマーケット●

●神田縁起市●

●千代田のさくら祭り●

心したなぁー。」

先生「こうした経験を積み重ねて、学生たちは、自分たちが千代田区鍛冶町の一員であると認識し、三浦市の情報発信を自分たちが担っていることを自覚するんだ。地域に貢献するということは、実際にやってみると大変なことだ。だけど、大変だからこそ、損得抜きで学生時代に経験しておくことは、将来、どんな職業につくにしても、人生の糧になると思っている。商学部は、こうした学生をもっともっと、世の中に送りだしたいんだ。」

マグオ「先生、わかったよ！　ぼくも学生さんたちといっしょに、三浦市のために、そして鍛冶町のために、もっともっと声をだして、店を盛り上げていくよ。地域と地域をつなぐことは、人と人とをつなぐこと、心と心をつなぐことなんだね。今日は、どうもありがとうございました。」

学生の声

様々な逆境の中のスタート

▼山田 昌平（商学部2年）

神田駅東口より徒歩3分、一歩路地に入るとそこはオフィス街であり、そしてまたシャッター街でもあります。しかし、そこに神奈川県三浦市のアンテナショップがあります。私たちの活動起点、「なごみま鮮果」です。

なごみま鮮果は、明治大学商学部熊澤ゼミナールの学生が経営している店舗です。この店舗は明治大学と三浦市と千代田区が連携して成り立っています。千代田区からの要請としては、生鮮三品を扱う業者の減少により活気を失ったシャッター街を学生の力で活性化することです。三浦市からの要請は、三浦市東京支店としてシティセールスを東京で行い、三浦の情報発信基地になることです。明治大学としては、大学生を社会に出し、マーケティング・経営の実践教育を行うとともに、地域の教育力を活かして学生の人間的な成長をめざしています。しかし、この挑戦は「シャッター街」、「人通りが少ない」などの様々な逆境の中スタートしました。

なごみま鮮果は財務部、購買部、映像部、広報部、マーケティング部、インテリア部、以上の6つの部で形成されています。各部をまとめる部長、各部門をまとめる部門長、そしてこれらをすべてまとめる企画部があり、私はそこに在籍しています。企画部の主な仕事は、イベントの出店申請、イベント時の企画立案、店番のシフト作成など様々です。

私は、熊澤ゼミナール7期生のゼミ長ですが、同時になごみま鮮果の営業部長でもあります。明治大学に入学して2年…まさか営業部長になるとは誰が思ったでしょうか。普通の学生では味わ

えない様々な経験ができることが、このゼミの一番の特色だと思います。

地域のイベントになごみま鮮果として参加する数は年間十数回におよびます。神田のフリーマーケットに出店することもあれば、早朝から三浦市の市民祭りに参加することもあります。この活動は非常に有意義な体験だと思います。神田鍛冶町の町内会、三浦市民、また三浦市役所の方々と交流することにより、学生同士ではできない会話、学生とは違う「大人の思考」に触れることができます。これがいわゆる社会勉強というものではないか、と私は思います。

多くの行事をこなすには、同期生同士の連携が必要不可欠です。しかし、個人のやる気や考え方によってはこれらの行事はただ面倒なものになってしまう場合もあります。ゼミ長として、営業部長として、他のゼミ生の気持ちをどのようにプラスにシフトしていくか、これが私にとっての一番の課題です。

そして一番慣れるのに時間がかかったことは、学生ではなく「社会人」として見られることです。なごみま鮮果で販売している商品は三浦の業者から仕入れています。イベントに出店すると周りのほとんどが社会人の方です。つまり、相手が大人であるということは、こちらも大人の対応をしなければならないということです。しかし、学生のうちから大人の対応を学んでおくということは、大学卒業後、社会人になったとき、非常に有利なのではないでしょうか。これもまた、この活動で得られる大きなポイントの1つだと思います。

熊澤ゼミナールの一ゼミ生としての今後の展望は、官学連携、つまり学生と自治体のつながりをさらに深め、三浦市や千代田区との連携を促進していくことです。人と人との関係が自治体との協力へと発展し、学生の活動がその接着剤となるべく努力していきたいと思います。また、学生を社会にリリースし、社会の中で成長させるこの事業をさらに普及させ、全国へ、世界へ発信していきたいと願います。

2

観光集客プロモーション

木村　乃

(1) 本授業のテーマと目的

地域活性化。近年、関心を集めている言葉です。わがまちを元気にしたいと願う住民や事業者が、全国各地で様々な取り組みを展開しています。その有効な方法として、地域の外から人を呼び込む観光振興に力を入れる自治体やＮＰＯ等が増えてきています。

こうした動きのなかで注目したいのは、いわゆる観光地として知られていない地域でも観光振興に取り組みはじめているということです。有名な温泉や神社仏閣、名所旧跡といった観光資源を持っているのはほんの一握りの地域にすぎません。そのほかの地域はどうすればたくさんの人を呼び込むことができるのか。その処方箋を示すことができたとしたら、どんなにすばらしいことでしょう。

特別テーマ実践科目「観光集客プロモーション」の授業は、このような問題意識をもって開講しました。

「なごみま鮮果」については、第１章第１節　地域活性化プログラム　商学部実践店舗『なごみま鮮果』を参照して下さい。

(2) 取り組み経過

授業の開始にあたって、担当教員は受講する9人の学生に課題を出しました。対象地域を決めて、日帰りの小さな旅行を誘発するような集客プロモーションを企画すること、という課題です。

学生たちは、この課題に対して、7つの企画アイデアを出してくれました。いずれも実にオモシロイ！ 既成概念にとらわれがちな社会人には思いつかない、学生ならではの新鮮で斬新なアイデアだったと思います。

学生たちによる話し合いの結果、大田区に坂道が多いという〝ごくあたりまえにある風景〟に着目した「おおた ぐんぐん坂道（東京都大田区）」と、最近注目度が高まっているパワースポットに着目した「パワースポットで地域にもパワーを！（川崎市川崎区・横浜市鶴見区）」（その後、対象地域を神奈川県三浦市に変更）の2企画を採用し、「坂道班」と「パワスポ班」の2チームに分かれて企画を充実させ、集客プロモーションを実践することになりました。

インターネットによる下調べののち、学生たちはいよいよフィールドワークに動き出します。

2010年6月5日、「パワスポ班」は初めてのフィールドワークを実施しました。行先は、「なごみま鮮果」でも連携している神奈川県三浦市です。京浜急行電鉄久里浜線の三崎口駅に午前10時集合。三浦七福神に名を連ねる小さな神社では奇妙なかたちをした立派な古木に目を奪われました。神社に向かう細い路地の両脇に連なる紫陽花にまで、何か

言い知れないパワーを感じました。ＮＨＫ大河ドラマの「龍馬伝」のロケにもしばしば使われた「黒崎の鼻」と呼ばれる岩礁に囲まれた海岸では、四方に人工物が全く見えない素晴らしい自然景観に心が洗われました。鎌倉時代の「椿の御所」でもあった大椿寺では「釣りの神様」や病やけがの痛みの身代わりになってくれるというお地蔵さんのお話をお聞きすることができました。石で叩くと澄み切った音がなる「カンカン石」がある白髭神社、そこで見つけたアカテガニ。これは神の使者なのか。そんな思いを膨らませながら、夕方まで歩き続けました。

実は、この時点で「パワスポ」班は「パワースポットとは何か」ということについて、まだ自分たちなりの定義をするには至っていませんでした。自分たちなりにプロモーションしたいパワースポットとは何か、を探すためのフィールドワークだったのです。しかし、行く先々で目にするもの全てにパワーを感じてしまい、ますます迷うことになってしまいました。それはそれで成果だったといってもよいでしょう。インターネットの情報にばかり頼ることなく、自分の眼で見て、肌で感じた結果の迷いです。闇雲な迷いから生みの苦しみ

という迷いへと前進したということです。

一週間後の6月12日、「坂道班」も東急池上線の洗足池駅を起点に初めてのフィールドワークを実施しました。「坂道の魅力を探る」という一風変わった街歩きです。そんな目的がなければ素通りしてしまうようなごく普通の住宅地なのですが、学生たちは大興奮！「この坂の勾配はいまひとつだな」、「この坂道のカーブがたまらない」と坂道評論家（？）気取りです。「この坂で〝だるまさんが転んだ〟をやってみたら面白そう！」などアイデアがどんどん湧いて出てきます。あまりに急な勾配のためガードレールで車両の通行が遮断された坂を見つけました。「こんなの見たことない！」。「鴻巣坂（こうのすざか）」という比較的急な坂では、父親と一緒に散歩している小さな男の子がおもちゃの自動車にまたがって両足で一所懸命に坂道を蹴って登っていました。坂の上に達すると、今度は下り坂を勢いよく滑るように下っていました。「坂道」がもつ位置エネルギーです。標高が高い東雪谷から望む坂の下には、ずっと遠くにある下丸子あたりのマンション群まで見通すことができました。絶景！坂道の魅力に心から感動した一瞬です。

ある学生ははじめ「地図読むの苦手～」などといっていましたが、途中からはどんどん道案内をしてくれるほどになりました。「街歩きのサークルを作ろう！」との思いすら湧いてきたようです。わずか4時間のフィールドワークで学生たちは大きく変化しました。

「パワスポ班」も「坂道班」も、このあと何度もフィールドワークを重ねています。授業は月曜日の第5限ですが、フィールドワークは全て授業時間外に行っています。フィールドワークのほかにも、例えば「パワスポ班」は、高島易断による暦を出版されている㈱神宮館、「坂道班」は、大田区観光課、大田観光協会等を訪ね、助言をいただいています。これらは全て学生たちの自主的な活動です。自分たち自身でアイデアを出し、情報収集を経て企画を立て実践するという授業に強いやりがいを感じてくれたのでしょう。担当教員としては、彼らのこのような高いモチベーションを誇りに思います。

さて、この授業は「観光集客プロモーション」です。いくら魅力的な企画ができたとしても、そのことを効果的に宣伝し集客できなくては意味がありません。宣伝力のある媒体（メディア）をもつ企業等の協力なしには実践できません。そこで、「パワスポ班」は京浜急行電鉄㈱の広報ご担当、㈱リクルートのじゃらんリサーチセンターを訪問し、授業の趣旨、企画の意図を説明のうえ、プロモーションへのご協力を相談してきました。企業訪問といっても就職活動とは違います。いわば「商談」です。学生たちはガチガチに緊張していましたが、ご対応いただいた方々は皆さんとても親切に助言をして下さいました。そして、「魅力的な企画であればプロモーションに協力できる可能性はある」との嬉しいお言葉をいただくことができました。

大田観光協会を訪問した「坂道班」は、10月16日～17日に開催された「おおた商い観光

「旅でお　5min.」は、
地域の魅力をアピールする
5分間（5minutes）の短
い旅のビデオを紹介すると
いう意味のタイトルです。

展」への出展という大きなチャンスをいただき、実際に出展しました。ここでもまた、まちづくりに取り組んでおられる地元の方々や飲食店の経営者の方々と出会い、その後のプロモーションへのご協力をいただけるご縁を結んでくることができました。こうした〝成功体験〟はこれからの学生たちの人生において、とても意味のある体験になったことでしょう。

プロモーションは、担当教員の提案にしたがって映像を活用することにしました。YouTube®を活用した特設サイトを設け、そのＵＲＬを掲載したポスター掲示やマップ配布、協力企業・団体にご提供いただけるメディアの活用等により広く宣伝し、特設サイトに誘導しようというしかけです。

9月から始まった後期の授業では、こうしたプロモーションのしかけづくりを重点的に進めました。

この特設サイトは「旅でお　５ｍｉｎ.」と銘打って開設しました。今回学生たちが制作した集客プロモーション映像はもちろんのこと、将来的には全国各地のプロモーション映像の制作受注や自作映像の投稿ができる「地域集客プロモーション映像ポータルサイト」にまで育てていきたいという構想を学生たちと話し合っているところです。

映像を魅力的なものにするため、ＢＧＭにも力を入れました。横浜の馬車道にあるライブハウス「Paradise Cafe」を中心に活動されているプロミュージシャンの滝ともはるさん、キクチタケシさんにご協力をお願いし、映像にぴったりの楽曲をご提供いただくことができました。日頃なかなか接点をもつことのないプロフェッショナルの皆さんにたくさんのご協力をいただくことができたのは、学生たちの熱意の賜物です。学生であればこその経験だったということもできるでしょう。

(3) 取り組みの成果と課題

「旅でお　５ｍｉｎ.」サイトにおける集客プロモーション映像の閲覧数、閲覧後に「そこに行きたくなりましたか」と尋ねたアンケートの集計結果が出るまでは、今回の企画それ自体の成果はわかりません。前期の成果報告会においても、外部支援専門委員の方々から、「ターゲッティングが甘い」、「目的と映像の内容にずれがある」などの厳しいご意見をいただきました。学生たちは、こうしたご意見を謙虚に受け止め、現在もなお企画内容や映像の修正に取り組み続けています。

この授業を通じて学生たちが学んでいることは、３つの気づきだと思います。第一に、どんなに平凡で特徴のないように見える地域であっても、現場を歩きながら知恵をこらすことによって、その地域が潜在的にもつ「文化」を見出し再生することができるということ。第二に、どんな事業であっても、決して自分たちだけでは実践できないということ。お互いに〝Ｗｉｎ-Ｗｉｎ〟の関係を提案しながら協力者を得ていくことが大切だということ。そして第三に、熱意をもって、きちんと手順を踏んで取り組みさえすれば目標に到達することはできる、ということです。今は学生としての学習の一環としての取り組みですが、これら３つの気づきは、ビジネスにおいても社会活動においても大いに役立つものとなるに違いありません。

教育GPと現代GPのリーフレット

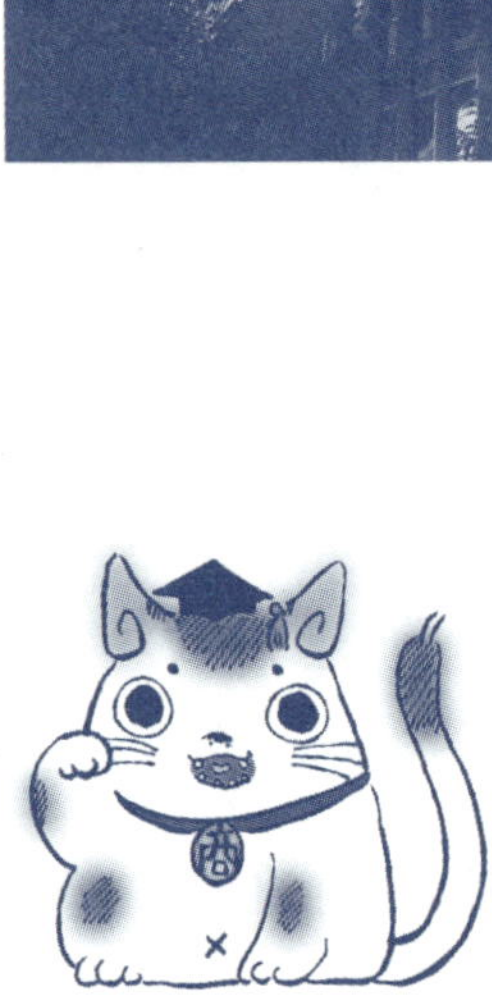

第 2 章

東京の地域連携プログラム

第1節　国際浅草学のフィールドワークと東京スカイツリー　［山下 洋史］
第2節　商学部の千代田学　［水野 勝之］

1

国際浅草学のフィールドワークと東京スカイツリー

山下 洋史

(1) 国際浅草学における学生のフィールドワーク

読者の皆さんは、「浅草」という言葉を聞いたときに、どのような言葉を連想しますか？たぶん、下町・雷門・浅草寺・隅田川や伝統・祭り・粋・庶民・江戸の文化・外国人観光客といった言葉を連想するのではないでしょうか（これについては、後ほど浅草のイメージに関する学生アンケートの結果を紹介します）。また、浅草から徒歩で15分ほどのところに建設される新東京タワー（東京スカイツリー）を思い浮かべる人もいるでしょう。いずれにしても、ほとんどの人が、同じ東京の繁華街でありながら、都心の銀座や日本橋とは異なり、また山の手の新宿や渋谷、赤坂や六本木とも異なる独特の（ユニークな）雰囲気を持った繁華街として認識しているのではないかと思います。

一方で、浅草に対して時代遅れ・古い・ゴミゴミした・ゴチャゴチャした等のネガティブなイメージを持つ人もいるかもしれません。浅草は、国際的な観光スポットとしての「光」の側面（正の側面）と、山谷や吉原に代表される「陰」の側面（負の側面）の両面を有しています。しかしながら、こうした「陰」の側面が社会学的には魅力ともなっているのです。これらが、まさに浅草の多様性・異質性を生み出し、研究対象としての魅力となっているのではないかと思います。

明治大学では、こうした浅草のユニーク性（とりわけ、日本の伝統を肌で感じようと、多くの外国人観光客が集まる特性）に注目して、台東区と共同で「国際浅草学」の研究プロジェクトを２００７年に立ち上げ、学内外・国内外の研究者と学部生・大学院生が一体となった調査・研究活動を展開しています。このプロジェクトは、国際的に見ても「浅草」が優れた研究対象となりうるという認識のもとに、歴史・文化・社会の側面と、交通・観光・産業の側面から、浅草を多角的に研究し、その魅力を日本全国に、そして世界に紹介していこうとするものです。これまで、海外から多くの研究者を招いて４回の国際シンポジウムを開催するとともに、その研究成果を学会発表・論文や学生の成果報告会により公表し、これらの成果は高く評価されています。

また、こうした研究成果は、商学部の教育にも正規授業科目「特別テーマ実践科目（国際浅草学）」として活かされています。商学部の授業の中で、学生や大学院生が浅草を舞台とした現地調査（フィールドワーク）を展開し、このフィールドワークを通じて、浅草の「ユニーク性」をふまえたいくつかの「ユニーク」な提言をしているのです。理系の学部では、教室で学んだ理論を実験室で確認することができるのですが、商学部のような文系の学部では実験を行うことは一般に困難です。例えば、企業倒産のメカニズムを教室で学び、それを確認するために実験しようと思っても、そのようなことをすることは絶対に不可能です。そこで、理系の学部における実験の代わりに、商学部では「国際浅草学」のみならず、多くの「特別テーマ実践科目」を用意しているのです。こうした明治大学商学部の教育プログラムは、多くの高校生やメディアからも注目されています。

以下では、「国際浅草学」の研究成果と学生のフレッシュな目から見たユニークな提言

図1　「浅草」に対して感じる魅力の度合い

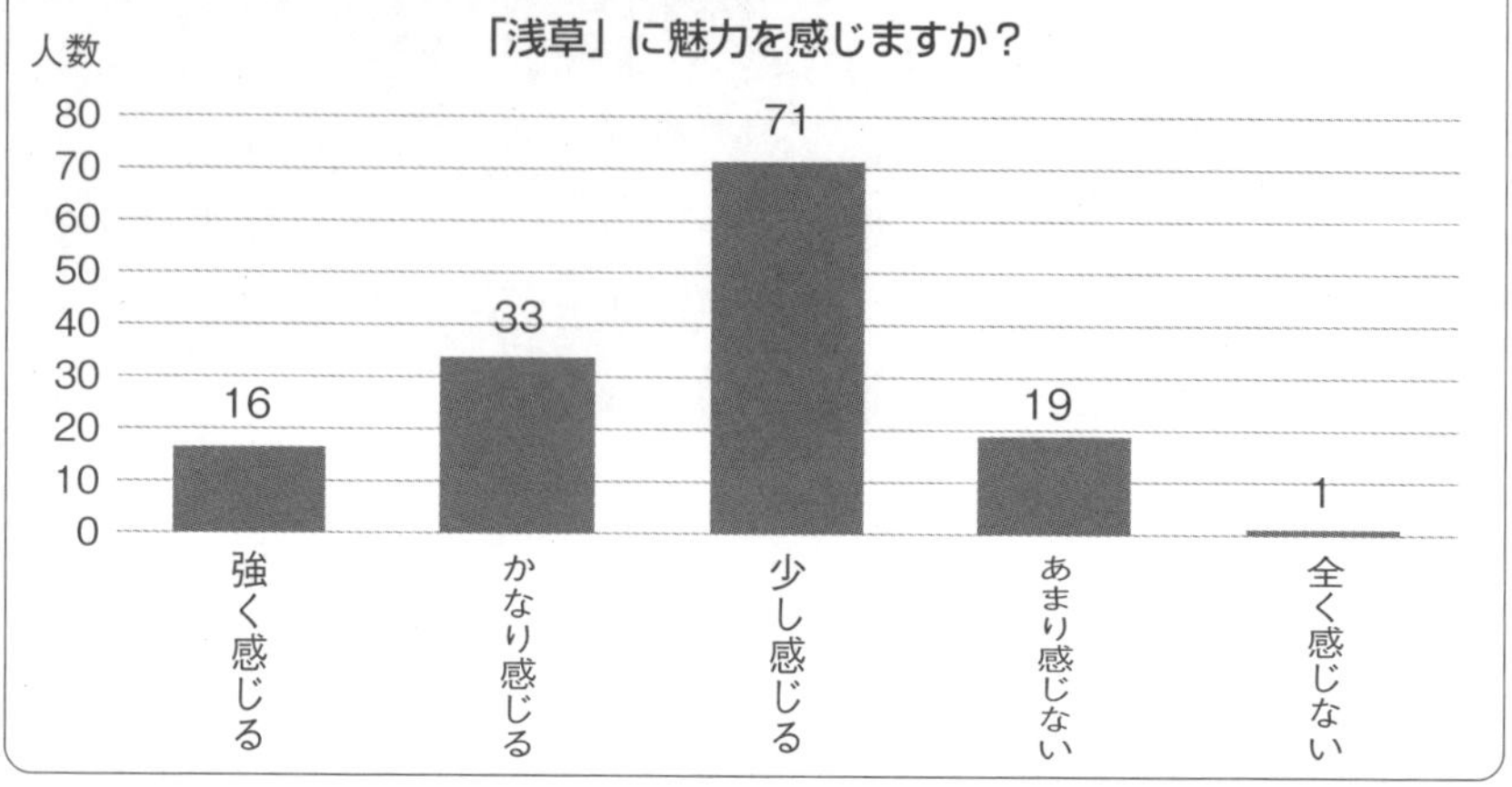

を紹介することにより、浅草をテーマとした研究と学習の魅力について考えていくことにします。

(2) 学生に対する浅草のイメージ調査

明治大学では「国際浅草学」の一環として、商学部の学生１４０人を対象とした、浅草のイメージ調査を行っています。「学生の若い目に浅草がどのように映っているのか？」を調査したのです。しかも、ビジネスのメカニズムを学ぶ商学部の学生に対してそれを行ったことを強調しておきたいと思います。

まず、「浅草に魅力を感じますか？」という質問に対しては、図1のように「少し感じる」が最も多く、次いで「かなり感じる」、「あまり感じない」、「強く感じる」の順になっています。「強く感じる」～「少し感じる」を合わせると、全体の85・7％となっていて、多くの学生が浅草に対してポジティブなイメージを持っているようです。ただし、全体の半数強が「少し感じる」という回答で、強い魅力を感じている学生は少ないようです。

次に、「浅草」に対するイメージを選択式で質問したところ、図2のような結果となっています。最も多くの学生がイメージしている項目は「伝統がある」で、次いで「にぎやか」、「江戸の文化」、「粋」の順となっていて、「ゴミゴミしている」や「汚い」、「街が停滞ぎみ」といったマイナスのイメージを持つ学生は少ないことがわかります。とりわけ大半の学生が

図2　「浅草」に対するイメージ調査の結果

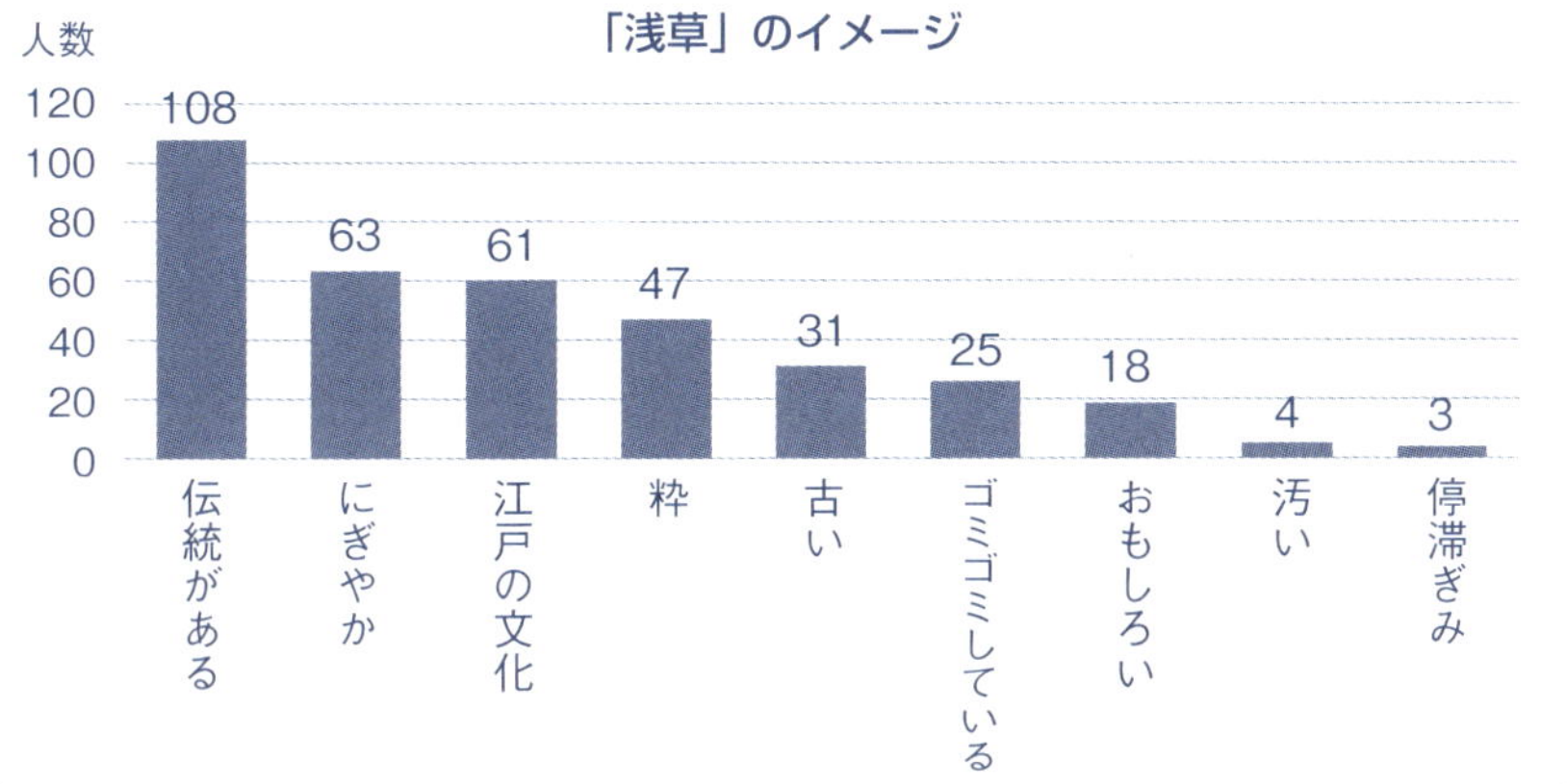

「伝統がある」と答えているのは興味深い結果です。これより、多くの学生が東京の中で伝統や江戸を感じるユニークな街として浅草を捉えているようです。

また、「浅草」で強くイメージする言葉の調査結果については、図3のようになっています。やはり、雷門（1位）と答える学生が圧倒的に多く、次いで下町（2位）、浅草寺（3位）、外国人観光客（4位）、花やしき（5位）、隅田川（6位）の順になっています。1位~3位と6位は浅草の「定番」のイメージですので、ここで特に注目したいのは4位の「外国人観光客」と5位の「花やしき」です。これより、思いのほか「外国人観光客」が特徴というイメージを持っている学生が多く、この点が浅草の再活性化を考える際に1つのポイントを表しているように思います。また、「花やしき」と答える学生も意外に多く、東京の中で昔ながらの遊園地がレトロなユニーク性を発揮していると感じているのではないかと思います。これに対して、仲見世（7位）や花火大会（9位）と答える学生は比較的少ない結果となっています。

以上の結果から、学生の若い目に浅草は、さほど強い魅力を感じるわけではないのですが、山の手とは異なった、何となくユニークな街として映っているようです。こうした若い人の緩やかなイメージを強い関心へとシフトさせることができれば、浅草の将来がより明るいものとなるはずです。その際に、後述する「東京スカイツリー」が、浅草の伝統や江戸の文化を

図３　「浅草」で強くイメージする言葉の調査結果

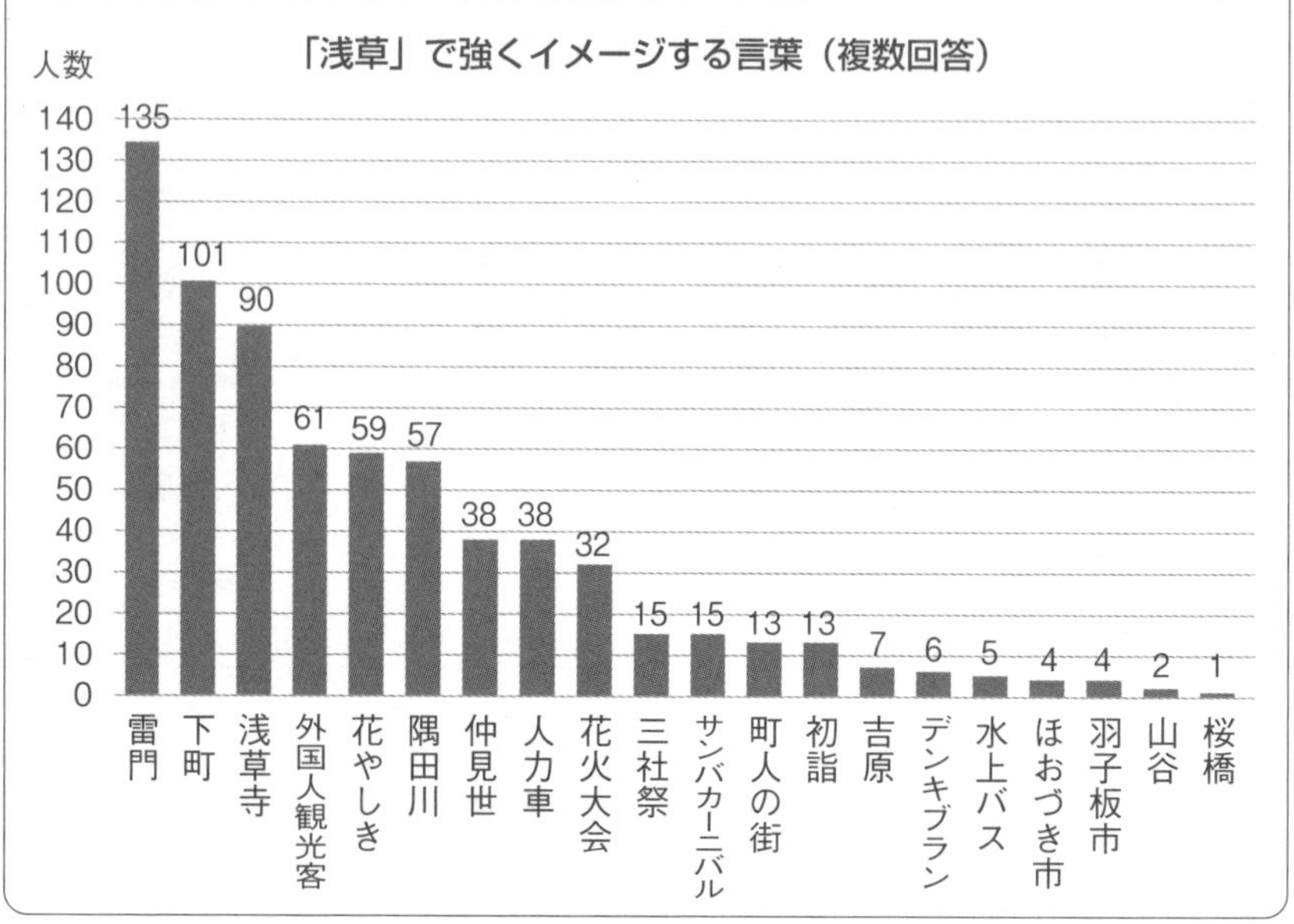

感じる街並みに、先端技術のアクセントを加えることで、強い関心へとシフトさせる可能性を秘めているのではないかと思います。こうした観点から、後ほど「東京スカイツリー」建設による下町、そして浅草の変化について考えてみることにします。

(3) 浅草を拠点とした観光と交通
～浅草から日光・鬼怒川へ～

浅草は、東京の東部（下町）に位置し、上野とともに東京で最も早くから都市化が進んだ地域であることを読者の皆さんはご存知でしょうか？　若い高校生は、このことを知らない人も多いのではないかと思います。実は、日本で最初の地下鉄は、浅草と上野の間で開通したのです。このことからもわかるように、戦前に最も早く発展した地域なのです。さらにさかのぼれば、江戸時代からすでに浅草は庶民の町として大きく発展していました。

また、浅草は東京の代表的な観光スポットとなっています。とりわけ、海外からの観光客にとっては、東京のみならず日本の代表的な観光スポットとして広く知られています。浅草には、雷門・浅草寺・仲見世・隅田川・人力車等、多くの観

光客を引き付けるような風景や江戸の文化が存在し、過去と現在が共存した独特な雰囲気を作り出しているのです。

このように浅草が多くの観光客、特に海外からの観光客を引き付ける要因について、明治大学の国際浅草学プロジェクトと前述の「特別テーマ実践科目（国際浅草学）」では、商学部生・大学院生と教員が一体となって、交通面から見た浅草の地理的位置づけと、「江戸から東京へ」の流れの中で発する浅草の異質性の両面から検討しています。

交通面から浅草の位置づけを考えた場合に重要な点は、日光・鬼怒川といった観光地の基点となっていることです。浅草自体が日本の代表的な観光スポットなのですが、それと同時に浅草が日光や鬼怒川といった観光地にロマンスカーで向う拠点となっているのです。日光は浅草と同様に、海外からの観光客にとって魅力的な地域で、多くの外国人が訪れています。すなわち、浅草と日光がセットになって、海外からの観光客を引き付けているのです。こうした相乗効果が、浅草に対する海外での知名度を高めるとともに、浅草の国際性を生み出す要因となっているはずです。

⑷ 浅草VS.北千住

浅草は、日光や鬼怒川といった観光地に向う拠点となっているだけでなく、東武伊勢崎線（日光線）沿線の埼玉県東部と群馬県・栃木県に住む人たちが東京を訪れる際の玄関口ともなっています。東京の私鉄で最も路線距離の長い東武伊勢崎線・日光線のターミナルとなっているのです。そのため、「特別テーマ実践科目（国際浅草学）」のフィールドワークで浅草を歩いてみると、これらの地域の方言が多く聞かれ、下町の住民と同様に、これらの地域に住む人たちにとっても、身近な存在となっていることがわかります。また、浅草でこの地域の多くの人たちがショッピングを楽しんでいます。

一方で、こうしたターミナルとしての浅草の役割は急速に低下しつつあります。その1つの要因は、東武伊勢崎線（日光線）と地下鉄日比谷線や半蔵門線との相互乗り入れにあると考えられます。日比谷線の場合は北千住から、半蔵門線の場合は曳舟から、それぞれ地下鉄に乗り入れてしまい、都心に向うこれらの電車が浅草を通らないのです。もう1つの要因は、北千住が実質的に東武伊勢崎線（日光線）のターミナルとしての役割を果たすようになり、浅草の地位が低下したことです。北千住以北の駅から都心に向う際、残念ながら浅草を経由せずに、北千住から常磐線・日比谷線・千代田線を利用した方が、所要時間が大幅に短縮され便利なのです。昼間の時間帯には、浅草発、北千住行きという電車も多く、浅草・北千住間がローカル線化しつつあります。さらに、つくばエクスプレス（TX）の開業により、ショッピング拠点としての北千住の性格が強化されたことも、ターミナルとしての北千住の地位向上と浅草の地位低下につながっているように見えます。

そこで、「特別テーマ実践科目（国際浅草学）」ではフィールドワークを通じて、学生のフレッシュな目から、浅草を再活性化させるようなアイディアを出し合って、それを検討しているのです。その1つが浅草自体をテーマパーク化する構想（「浅草テンプルランド」構想）で、これについては明治大学の大学院生が国際シンポジウムで発表した研究を後ほど紹介したいと思います。

(5) 浅草・下町における「江戸から東京への連続性」と山の手における「非連続性」

明治維新後、浅草は東京で最も早くから都市化の進んだ地域でした。浅草のみならず、神田・上野・両国・向島等、下町は「庶民の街」として山の手よりも早くから都市化が進んでいたのです。このことを「国際浅草学」では、江戸時代からすでに下町が浅草を中心に町人の街として発展し、かつ明治時代に入ってからも当初、銀座・日本橋とともに浅草・上野が商業の発展を支えたという視点で捉えています。

一方、現在の下町、とりわけ浅草を考えてみますと、決して東京で最も進んだ地域とはいえないのですが、このことは江戸時代や明治時代の「古さ」を多く残していることに起因していると考えられます。浅草は、江戸時代や明治時代の名残りを多く残し、江戸の庶民文化を現在へと引継いでいるのです。そういった意味で、下町・浅草は江戸から東京へと緩やかに「連続的」に推移してきた地域・街で、東京におけるこうした異質性が「特別テーマ実践科目（国際浅草学）」のフィールドワークの基盤となっています。

これに対して、江戸時代から明治維新直後の山の手、特に副都心の渋谷や池袋は、武蔵の単なる農村であって、都市化は全く進んでいませんでした（「副都心」という点では新

宿を含めて考えてもいいのですが、新宿は江戸時代から「新しい宿場」としての性格を有していて、この点で浅草にやや近い位置づけとなるため、ここではあえて「渋谷や池袋」としています）。また、江戸時代の特筆すべき文化も存在しませんでした。さらに、明治時代初期も、浅草や上野と比較すると、明らかに都市化が遅れていました。

しかしながら、その後の東京の近代化とともに、山の手の渋谷や池袋は「武蔵の単なる農村」から脱皮して急速に発展し、東京を、そして日本をリードする地域へと（非連続的に）変貌したのです。渋谷と池袋は、浅草と同様に、大手私鉄路線のターミナルとなっているため、そこに百貨店が置かれ、乗り換え客を中心としたショッピング拠点として大きく発展したのです。しかし、こうしたターミナルとしての性格において、浅草との決定的な違いが存在します。それは、浅草とは異なり、①複数の大手私鉄が乗り入れていることと、②山手線と接していることです。

とりわけ①の要因が③複数の百貨店を生み出して、これらの①～③が相乗的に渋谷と池袋の急速な発展を支えたのです。この点については、新宿も当然のことながら同様です。

以上のことをふまえて、明治大学の「国際浅草学」研究では、山の手、とりわけ渋谷や池袋が江戸から現在の東京への発展過程で「非連続的」な変貌を遂げたことを指摘しています。すなわち、単なる農村であった江戸時代の性格を破棄することにより都市化・近代化が急速に進展し、現在の渋谷や池袋が形成されたと考えるのです。

(6)「江戸から東京」のカタストロフィー・モデル

明治大学の「国際浅草学」プロジェクトでは、「特別テーマ実践科目」のフィールドワ

図４　「江戸から東京」のカタストロフィー・モデル

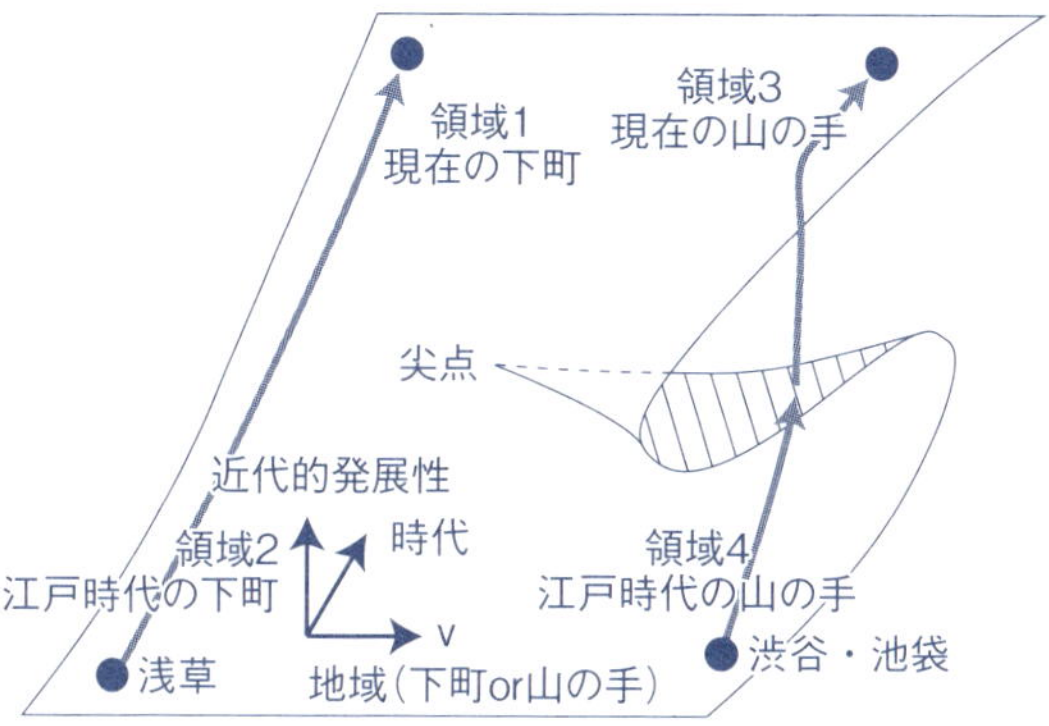

ークによる調査・研究の成果として、図４のような「江戸から東京」のカタストロフィー・モデルを提案しています。前で述べた下町（浅草）の連続性と山の手（渋谷・池袋）の非連続性を視覚的に把握し易くするために、図４のモデルを作成したのです。このモデルでは、高さが「近代的発展性」を表し、奥行きは「時代」（手前が江戸時代で奥が現在）を、また左右は東京の「地域」（左が下町、右が山の手）を表しています。したがって、左右の「地域」に注目した場合、左に位置する典型的な地域が浅草であり、右に位置する典型的な地域が渋谷や池袋となります。

図４のモデルにおいて、左半分の領域には浅草をはじめとして、東京スカイツリーの建設される押上・業平橋や、上野、両国・錦糸町、北千住、銀座・日本橋・神田等の各地域が位置します。一方で、右側には渋谷・池袋に代表される山の手の各地域（原宿・表参道・六本木・新宿・日比谷・四谷・田園調布等）が位置すると考えられます。これらの位置づけは、このモデルが江戸時代から現在までを対象としているために、また各地域が本来は多面的な性格を有するために、それほど単純なものではありませんが、概ねこうした位置づけができるのではないかと考えています。ただし、ここでは（東京スカイツリーを含めて）「国際浅草学」を紹介することを目的としているので、以下では浅草・押上・業平橋・両国・錦糸町（下町）およびその対比としての渋谷・池袋（山の手）に焦点を絞った議論を展開していくことにします。

図４の４つの領域において、最も「近代的発展性」が高いのは領域３（現

図5　カタストロフィー・モデルにおける下町の曲線と山の手の曲線

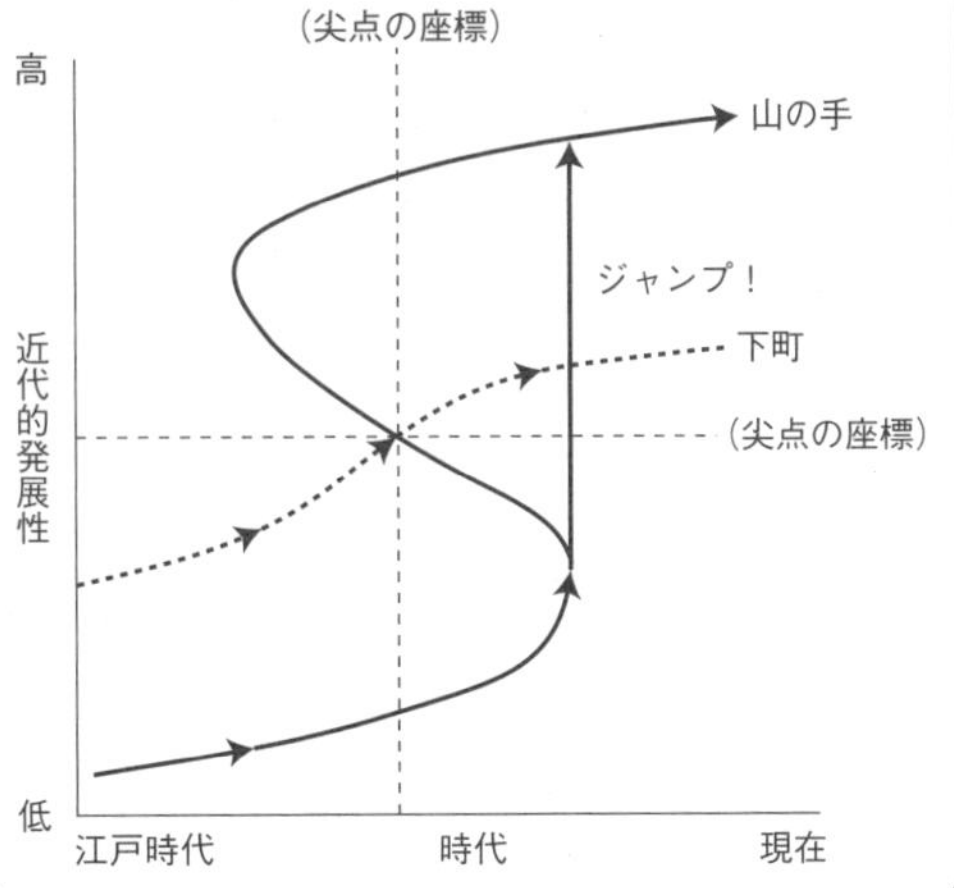

在の山の手）で、次いで領域1（現在の下町）、領域2（江戸時代の下町）の順となっていて、最も低いのが領域4（江戸時代の山の手）です。したがって、領域1と領域2の差は比較的小さいのに対して、領域3と領域4の差は非常に大きくなっています。ここに、図4の「非対称性」が存在します。すなわち、下町では江戸時代から現在までの変化が比較的小さいのに対して、山の手では変化が大きいのです。

次に、カタストロフィー・モデル上での下町（とりわけ浅草）と山の手（とりわけ渋谷・池袋）の動きを見るために、図4を左から見た下町の曲線と、右から見た山の手の曲線を描いてみますと、図5のようになります。図5の左右は「時代」（左が江戸時代で右が現在）を、高さは「近代的発展性」を、それぞれ表しています。

図5より、下町（点線）の浅草は江戸時代から現在にかけて緩やかに連続的に変化してきたのに対して、山の手（実線）の渋谷・池袋は「非連続的」に大きく変化していったことがわかります。浅草は、江戸時代からすでに都市化が進んでいたことと、現在においても江戸の文化を残し、近代的発展性の面で停滞気味であることが、近代的発展性の変化を相対的に小さくしているのに対して、渋谷・池袋は領域4から領域3へと「ジャンプ」し発展したのです。このジャンプは、図4の右半分の領域（図5の「山の手」の曲線）では発生しますが、左側の領域（下町）では発生しないところに特徴があります。これは、山の手の渋谷・池袋が「古い江戸」を破棄して劇的な発展を遂げたことを意味していて、現在の渋谷・池袋には江戸時代の面影はほとんど残っていないことを表

しています。渋谷・池袋に代表される山の手の地域の多くは東京になってから西洋文化を基礎に急激に発展し、現在では経済大国日本の象徴となったのです。

図4と図5において、もう1つ重要な示唆があります。それは、領域4から領域3へのジャンプが少し遅れて発生することです。こうした遅れは、カタストロフィー理論において「遅れの規約」と呼ばれますが、これにより山の手では明治維新直後、発展（都市化・近代化）が遅れたことがわかります。一方で、左半分の領域に位置する下町では、こうした遅れは生じずに、明治維新直後から都市化・近代化が緩やかに連続的に進んでいったこともわかります。そういった意味で、図4における「ジャンプ」と「遅れの規約」の側面での浅草と渋谷・池袋との対比は、江戸から現在に至る過程での両者の違いを示唆するものとなるはずです。

(7) 東京スカイツリー建設による近接地域の変化（非連続性）

現在、浅草の近隣地区でまさしく新たな変化が起ころうとしています。それは、新東京タワー（東京スカイツリー）の建設です。東京スカイツリーは、墨田区の押上駅と業平橋駅の間の、東武鉄道と北十間川に挟まれた地域に建設される世界一の高さ（約610m）のタワーで、新たな東京のシンボルとして、また下町の地域活性化の起爆剤として、多くの期待と注目を集めています。高さ350mの第1展望台と450mの第2展望台に加えて、放送施設や店舗・レストラン等が建設される予定の大規模施設です。

新東京タワー Rising East Project の公式サイト（http://www.rising-east.jp/top.html）によりますと、「1．地域とともに活力のある街づくりに貢献」「2．時空を越え

たランドスケープの創造」「3．防災面での安心と安全の提供」をその基本理念として、次のような開発ビジョンを掲げています。

都市文化創造発信拠点：世界一のタワーをシンボルに、ものづくりの伝統や、放送通信メディアとの連携で、コンテンツ、ファッション、ライフスタイル、アートなど様々な都市文化を創造し、発信する街へ。
都市型コミュニティ拠点：周辺や沿線の都市型生活者に、充実した生活インフラを提供し、環境に優しく、地域防災拠点としての機能をもつ、コミュニティの豊かさを実感できる街へ。
都市型観光の広域交流拠点：タワーのある街の集客力により、世界中から、あらゆる世代の人々が訪れ、ふれあい、歩いて楽しめる都市型の国際観光スポット。周辺エリアとも連携した広域交流の街へ。

（出所：http://www.rising-east.jp/gaiku/index.html）

ここで注目したい点は、右の基本理念「1．地域とともに活力のある街づくりに貢献」が、「国際浅草学」のめざす「下町の地域活性化」と「江戸から東京への連続性」に対応している点です。一方で、基本理念「2．時空を越えたランドスケープの創造」が下町に「非連続性」を注入する役割を果たすことも注目すべきところです。東京スカイツリーは、これまで江戸期の景観を残しながら江戸から東京へと連続的に推移してきた下町に対して、山の手の渋谷や池袋がそうであったように、非連続的な変化を新たに注入するのです。

以上のことをふまえますと、東京スカイツリーが、山の手にはない下町の「粋」な雰囲気との融合により「時空を超えたランドスケープを創造する」もので、日本の伝統と最新

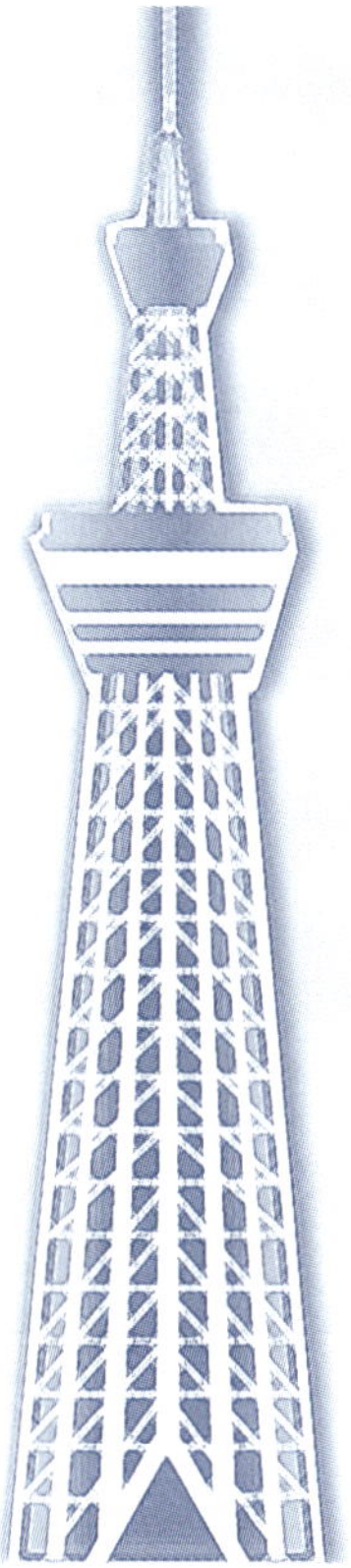

技術が調和した新たな東京、そして日本のシンボルとなる可能性を秘めていることがわかります。しかしながら、こうした過去と未来の調和が基本理念や開発ビジョン通りにいかない場合には、東京スカイツリーの「非連続性」が、伝統的な下町の良さを破壊してしまう危険性も持ち合わせています。

そうであるからこそ、明治大学商学部の「特別テーマ実践科目」では学部生・大学院生・教員が一体となった調査・研究活動を展開し、ユニークなアイディアを提言しているのです。そこで、東京スカイツリーの建設に当たっては、地域としても十分な検討を行い、押上・業平橋地区のみならず、浅草や両国・錦糸町地区を含めた地域活性化デザインを示すことが強く求められます。明治大学商学部では学生のフレッシュな視点から、こうした下町の地域活性化デザインに少しでも役に立ちたいと考え、「特別テーマ実践科目（国際浅草学）」を開講しているのです。

学生の声

「国際浅草学」国際シンポジウムでの研究発表を体験して

～「浅草テンプルランド」構想～

▼村山 賢哉（大学院 商学研究科 博士後期課程2年）

明治大学は、「国際浅草学」の一環として学内だけでなく、学外に対しても情報を発信すべく国際シンポジウムを開催しています。ここでは、私が大学院博士後期課程の学生として2010年に開催された「国際浅草学 第4回 国際シンポジウム」で発表した提言と、その体験を通じて感じたことを紹介したいと思います。

こうした提言のきっかけは、TA（Teaching Assistant：教育補助）として参加した「国際浅草学」の受講生からの「浅草全体を1つのテーマパークとして捉えると面白いのではないか?」という意見でした。浅草には「花やしき」という伝統ある（古い?）遊園地がありますが、それを1つのアトラクションとして、また浅草全体を1つのテーマパークとして、「全体最適化」の視点からデザインしてみようということになりました。このような視点で浅草を捉えてみると、雷門はメインゲートの役割を果たし、浅草を象徴する浅草寺、仲見世商店街、江戸時代から娯楽の中心的役割を果たしてきた浅草六区といった、様々な「アトラクション」が存在していることがわかります。そこで、浅草寺がシンボルであるという意味を込めて、このテーマパークを「テンプルランド」と呼ぶことにしました。

そして、そんな浅草のすぐ近くに「東京スカイツリー」という現在の日本で最も近未来的な建造物が建設されています。これにより、浅草は「江戸時代と近未来が共存する街」にその姿を変え、観光に訪れた人は過去と未来を同時に体感できる（タイムトラベルのような感覚が味わえる）魅力あるテーマパークになりつつあるのです（図6を参照）。

この提言は、シンポジウムに参加している先生方や来場者の方から「柔軟な発想でとても興味深い」という評価をいただきました。また、シンポジウムにはパネリストとしても参加し、非常に貴重な経験を得ることができました。

こうした「国際浅草学」は、明治大学の商学部で開

図6　浅草テンプルランド構想（シンポジウム配布資料より）

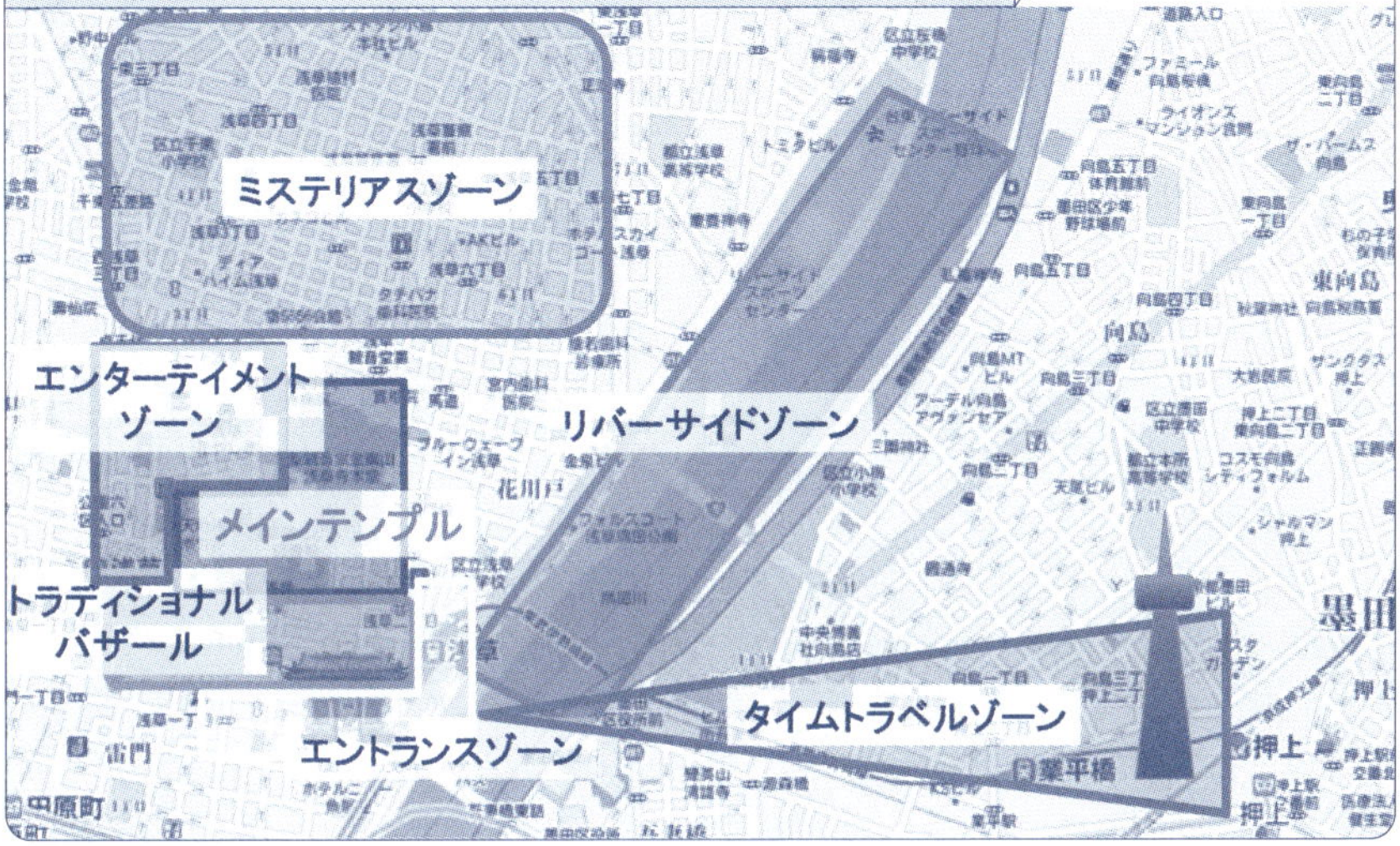

（地図出所：Google Map）

講されている「特別テーマ実践科目」の１つです。そして、この学生への講義に大学院生がＴＡとして加わっています。大学院生は、学部を卒業してそのまま進学する人が多いため、年齢的には教員よりも学生に近い存在です。その一方で、大学院生の主たる「仕事」は研究です。そういった意味で、大学院生は学生の目線と研究者の目線の両方を併せ持った存在であるわけです。このような大学院生がＴＡとして学生と教員の「パイプ役」となることは、国際浅草学のようなフィールドワークにはとても重要な役割を果たすと思います。

学生の自由で柔軟な発想を聞き、それを整理した上で教員の指導を受けて研究らしさを加えることが、前述のような国際シンポジウムでの提言へとつながるからです。さらに私自身にとっても、ＴＡとして活動することにより、学生への実践的教育や国際シンポジウムへの参加といった貴重な経験を得ることができました。現在、商学の研究を進めている私にとって、こうした経験が研究の幅を広げてくれていると確信しています。

学生の声

特別テーマ実践科目「国際浅草学」を履修して

▼杉浦 哲大（商学部 3年）

私は、明治大学商学部の学生であると同時に、浅草で人力車のアルバイトをする車夫でもあります。仕事柄、お客様に観光ガイドをするために、浅草に関してかなりの勉強をしています。したがって、浅草の観光スポットに関する知識量ならかなりの自信がありました。しかし、私が詳しいのはあくまで「観光」という側面での浅草だけでした。

そこで見つけたのが明治大学商学部の特別テーマ実践科目「国際浅草学」という授業です。浅草を学問という立場から改めて見直すことによって、浅草の街をより多面的に見ることができるようになりたいという思いから履修することを決めました。以下では、私が、この授業を履修して感じたことを「テーマ選定」と「国際浅草学を履修して」に分けて紹介したいと思います。

◆テーマ選定

まず「国際浅草学」を履修する上で着目したのは、現在墨田区で建設中の東京スカイツリーです。浅草とスカイツリーは立地的に近く、徒歩でも20分たらずでいける距離に位置します。浅草に来る観光客の中でもスカイツリー見物を目的とした人が増えているということは、日々肌で感じておりました。

浅草は江戸時代や明治時代の名残りを数多く残し、江戸の庶民文化を感じさせる、いわば「伝統的」な町です。こうした伝統をもつ浅草と、先端性をもったスカイツリー、この2つを交通という側面から融合させることで相乗効果が生まれるのではないかと思い、「浅草~スカイツリー間の交通アクセス」というテーマを設定しました。

◆国際浅草学を履修して

特別テーマ実践科目の特徴は大きく2つあると思います。

1つ目は、現地調査（フィールドワーク）があるということで、実際に現地に出て、肌で感じなければわからないことがたくさんありました。やはり机上での勉強だけでは限界があります。勉強した学びを、現地調査でさらに深め、研究する。こうした経験ができるのも、特別テーマ実践科目ならではではないかと思います。

そして2つ目は、成果報告会の実施です。通常、大学の授業は大きな教室で行われるため、学生はどうしてもインプットのみ（受身）の授業になりがちです。せっかく新たな知識を吸収してもアウトプットする機会はほとんどありません。特別テーマ実践科目では、こうした授業とは異なり、研究したテーマを成果報告会にて多くの参加者の前で発表します。

このようにインプットからアウトプットまで一連の流れを経験することができる機会は、日常の学生生活において少ないと思います。実際、多くの参加者の前で緊張しながらも無事に発表できた時は、自身の成長を感じることができました。こうした貴重な経験を積むことができ、明治大学、そして担当の先生とティーチング・アシスタントの先輩には感謝の気持ちでいっぱいです。明治大学商学部をめざすみなさんは、入学後にこのような授業を、自身が成長する機会として是非とも積極的に活用して欲しいと思います。

最後に、人力車のアルバイトにおいてもお客様にガイドする知識が増え、まさに「一石三鳥」の気分です。

商学部の千代田学

水野 勝之

商学部は駿河台校舎にあります。住所は、千代田区神田駿河台1丁目1番地。世界一の規模を誇る古本屋街の神田神保町の隣町です。江戸時代に開かれた昌平坂学問所跡地も近くにあります。この地域は、いわば江戸以来約380年間、東京の、日本の、学問・教育のメッカともいえる地域なのです。

21世紀のグローバル社会を生き抜く強い個人に必要なのは、確固とした自分、アイデンティティ（帰属意識）です。自分がなければ世界とつながることはできません。教室で、テキストと向かい合うだけでなく、実践と体験の実学によって自分が立つ地域と関わり合い、帰属する地域社会を学ぶ、これが商学部の〝千代田学〟です。明治大学の学生としてできることを成して、地元・千代田区の地域活性化をもたらすような社会貢献を体験し、地元地域を学ぶことでグローバル社会を生き抜く〝強い個〟を育てる、その2つが商学部の千代田学の基本的教育目標といえます。

千代田区が行政として地元の大学の研究や地域連携の取り組みを支援する事業を始めたのが2004年。商学部の千代田学は、以来7年間連続採択されて現在に至っています。

ここでは3つの事例をご紹介します。まずは、前の記述にも登場した歴史的地名を冠した千代田区立昌平小学校のご協力を得て実践してきました〝昌平小学校における金銭教育〟です（昌平小学校は1993年、約150年前から私塾があった旧芳林小学校と旧淡路小学校を統合し現在の名称とした、秋葉原電気街の芳林公園隣りにある小学校です)。

(1) 千代田区立昌平小学校における金銭教育

① 取り組みの目的とテーマ

これは、大学生が小学生に経済を教える、特に物流やお金の流れを教える取り組みです。2006年度より昌平小学校の5年生の総合学習の時間を使わせていただき、年間4～5回、授業を実践してきました。自分が勉強していることをわかりやすく小学生に教える、これは、実は、とても難しいことです。これこそが大学生自身を成長させる究極の〝商学部の授業〟と、大学側は考えています。

2008年度は授業テーマに環境を取り上げましたが、今回のテーマは、基本は物流について教え、小学生が授業で得た知識に基づき、野菜の販売を体験し、お金を数え、反省会を開いて授業としてまとめる、こうした〝昌平小学校における金銭教育〟です。

この授業は小学校の先生方や保護者の方々からも評価が高く、千葉県浦安市立浦安小学校や同市立明海南小学校においても授業が開催されるという人気授業になりました。

② 取り組みの経過

何故このような取り組みが始まったのか、ことの発端は、こうです。水野ゼミナールの学生が「小学生と一緒に勉強をしてみたいな」とつぶやきました。

実践・実学の明治大学は、学生の主体性と自主性を重視する大学。早速、企画書を作り、千代田区教育委員会に提案しました。ゼミ生の企画書の趣旨は次のとおりです。

千代田区の全ての小学校は、千代田区が姉妹都市契約を結んだ群馬県嬬恋村で、春と秋の年2回、農業体験を実施している。水野ゼミの学生も嬬恋村に何度も足を運び、嬬恋村のアンテナショップを兼ねた八百屋も運営している。小学生の嬬恋村体験と大学生の嬬恋村体験を双方が一緒になって勉強する授業をやってみたい。

実は、新しいことを始める時は、この〝やってみたい〟という気持ちが何より大切です。千代田区教育委員会の方々は「これは面白い」と極めて好意的に受け取って下さり、区内の全小学校に連絡して下さいました。小学校側としては対応がそう簡単ではないことは十分想像できましたが、昌平小学校が「やってみましょう」と手を挙げて下さったのです。教育熱心な校長先生や副校長先生のご尽力を得て、商学部の地域連携〝千代田学・昌平小学校における金銭教育〟は、こうして誕生したのです。

ゼミ生の奮闘努力、取り組みを具体的に紹介しておきます。まず、夏休みを返上して小学校の先生方と打ち合わせを繰り返し、小学5年生のための授業案を作成しました。第1講から3講までは、物流と農業生産物をテーマに構成。大学の授業で習得したことに嬬恋村で体験したことを加えて、それを小学生が理解できるように教えること。嬬恋村のアンテナショップの店長さんにも手伝っていただき、農産物の生産、流通、そして販売を含めてサポートを受けました。ゼミ生自身の日頃の学習体験が育んだ貴重な人間関係、社会的関係が授業のベースを形成したことになります。マーケティングの勉強として、ポスター

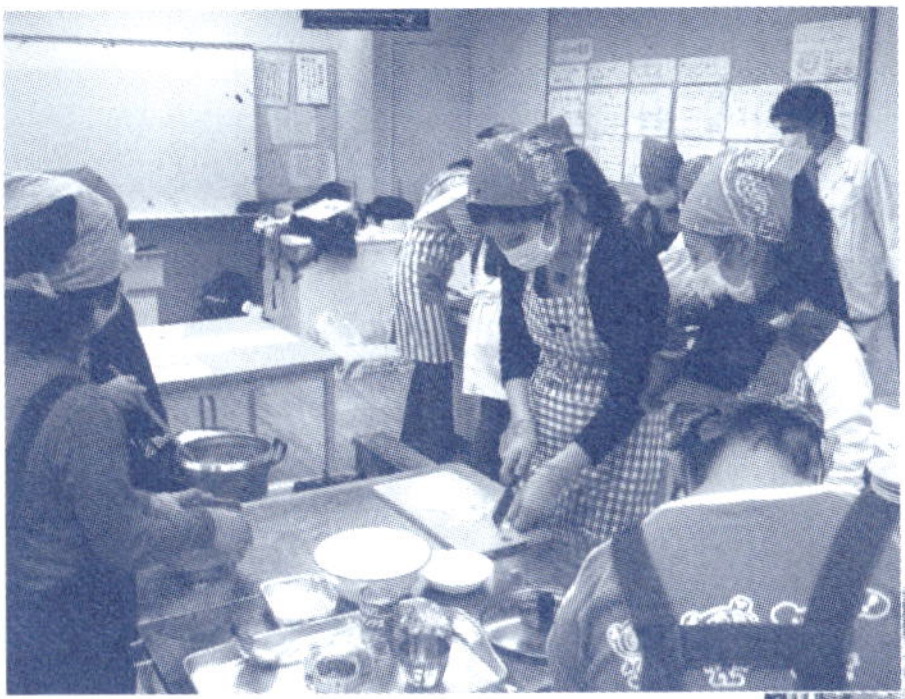

を手作りし、価格付けや販売体験のための準備を小学生に指導をして、第４講は、実際に農産物を販売するという体験学習に取り組みました。販売会場は、昌平小学校の正門前と明治大学駿河台校舎前と神田商店街の一角をお借りしての３会場。小学生は３つのグループに分かれ、それぞれ販売員や会計係と仕事を分担して野菜（嬬恋村のアンテナショップから仕入れた野菜）を売りさばきました。昌平小学校と明治大学駿河台校舎の２会場は、見事、完売するという成果を達成しました。最後の授業、第５講では、販売体験の反省会を開き、売上と利益を計算しました。授業の後半は、教室を調理実習室に移動して、販売した野菜と同種の野菜を使ってカレーライスを作り、みんなで会食しました。生産、流通、販売、そして消費まで、小学生と彼らの先生としてのゼミ生とが協働して成し遂げた感動的な授業でした。

ゼミ生の〝やってみたい〟からスタートした商学部の千代田学・昌平小学校における金銭教育は、実をいえば、ハラハラしながら見守っていた大学側や、昌平小学校の諸先生方、および小学生の保護者の方々を大いに驚かせるほどの成果を達成しました。それを何より証明したのは、授業における小学生たちの笑顔であり、達成感に満ちた体験学習における歓声、歓喜の声だったと思われます。

本当のことをいえば、2006年の夏休み前にゼミ生から企画の相談を受けた時、最初は、実現は難しいだろうなと思いました。しかし、あまりに熱心なゼミ生の提案に、千代田区の教育委員会を訪ねてみたのです。そして、教育委員会と昌平小学校の先生方の寛容さと積極的なご支援をいただけたことがこの取り組みを実現させ、成功させる基になったのです。

大学生が本当に小学5年生に流通といった経済活動を教えることができるのか、それも大変心配でした。明治大学と嬬恋村との地域連携活動によって生まれた人間関係が、この取り組みの難しいハードルをクリアするもう1つの大きな成功要因になりました。地域連携で出会った、培った、様々な人々とのネットワークに助けられて、ゼミ生たちは、自らよく勉強し、成長できたのだと思います。

③ 取り組みの成果と課題

2008年に嬬恋村のアンテナショップとしての空き店舗運営事業が閉鎖されることになり、次年度の昌平小学校との野菜販売の仕入れ先をどうしようと頭を抱えていた時、ゼミ生の1人がいいました。「おじいちゃんが群馬県前橋市で農業をやっています」。厚かましくも早速、前橋市を訪ねて、早朝の収穫作業や商品としての野菜の袋詰め作業等を手伝わせてもらい、御茶ノ水まで車で運ぶ作業に協力していただきました。事ほど左様に様々な難問が発生するたびに、人の連携、つながりに助けられました。

課題、問題点といえば、小学生が野菜を販売すると、保護者の方々がそれを買ってくれるお客さんになって下さること。その親心は微笑ましくもあり、嬉しくもあるのですが、販売の難しさを学習体験することも貴重な勉強の1つと考える商学部の担当教授としては多少、複雑な気もします。

④ 学生の声

「大学の授業で学んだことを小学5年生にわかりやすく教えるというのは、大変なことです。昌平小学校で先生を体験させてもらったおかげで大学の授業に真剣に取り組むようになりました」とゼミ生。

「小学生は純真なので面白いかそうでないか、すぐわかります。興味のある時の目の輝きが違います。授業は新しいことの発見の連続でした」

「テレビで人気の池上彰さんの〝伝える力〟ではありませんが、わかりやすく伝えるというのは、プレゼンの基本だと思いました」

「体験学習は勉強の生中継みたいで、突然色々なことに出くわすけどそれに対応しないといけないわけです。流通の仕組みをイラストにしたり、野菜を収穫したり、袋詰めしたり、それはもう、新しい体験の連続でした。就職活動で大学時代何をしたかと聞かれたら、『小学生と野菜を売りました』と、声を大にしていいたいと思います。『とても貴重な体験をしたのです』『全く新しい大学生の勉強の方法を体験したのです』と、就職採用試験の面接の方に自己PRをしたいと思います」

これらは大学生の声です。教え子たる小学生の反応は次のとおりです。

「近くにある大学だから、明治大学は知っていたけど、そこの学生さんが僕らの先生になるなんて、面白かった。野菜を売ったのも初めてのことだけど面白かったよ。野菜をもっと食べるようにするよ」

新しいことにチャレンジし、体験し、困難を乗り越えて成長する。次代を担う学生の姿を、これらの発言の中に垣間見ることができると思います。

⑤ 教育委員会等、外部評価

〝昌平小学校における金銭教育〟は、おかげさまで高い評価を得、そのことが他の小学校での商学部ゼミ生による授業という形で広がりをみせました。例えば、商学部・富野貴弘ゼミでは、2006年度から2009年度まで4年間、千葉県浦安市立浦安小学校において「流通」をテーマに授業を展開しました。

富野ゼミの特徴は、毎年10月に開催されている浦安市の市民祭りの会場でゼミ生が作ったマグロ料理を、授業の生徒である小学生たちが販売するという体験学習も行っていたことにあります。

また、水野ゼミでは、2007年度より浦安市立明海南小学校において環境教育や経済教育を行ってきました。最初の年は環境教育として牛乳パックを使って紙すき体験を学習。2008年度には小学校側からの「貿易を教えてほしい」という要望に応え、ゼミ生たちが〝フェアトレード〟をテーマにゲーム形式で世界の貿易・経済の不合理とその解決法を小学5年生に教えるという難しい授業を楽しく展開してみせることに挑戦しました。

昌平小学校をはじめ、小学校のカリキュラムの中にゼミ生たちによる授業が何年にもわたり実施できたことは、小学校の先生方の高い評価が得られたからに他なりません。当然、毎年、毎回、次々と新たな難問や課題が発生し、それらを乗り越えて問題解決していったゼミ生たちの努力と成長があったことも、教育委員会等外部からの高評価を得られた要因でもあります。

(2) 千代田区における大学の自問清掃活動とその効果

① 各取り組みのテーマと目的

2007年度の千代田学では、「千代田区における大学の自問清掃活動の実践とその成果」と題して、水野ゼミの千代田学班が以下のような取り組みに挑戦しました。「千代田区内で大学生が清掃活動することにどのような意味があり、社会的効果があるのか、それを調査研究しよう。清掃でただその時だけ綺麗にするのではなく、継続的に効果が持続する仕組みを作ろう。綺麗にするだけでなく他の目的も達成される掃除の仕方をしよう」等々、大学生の発想は、自由に膨らみます。新しいことを始める時は、このように自由に発想することがポイントになります。大学生として勉強することの面白さは、ここから始まります。

まず千代田区の調査から開始しました。昼間人口が約85万人の、東京の中心オフィス街にして学問の街、千代田区。その夜間人口は5万人以下。すなわち、この街に暮らす人は5万人もいないという事実の発見から取り組みをはじめました。そしてゼミ生は、御茶ノ水駅の、1つ隣の駅、秋葉原に注目します。日本が世界に誇る電気街、2005年には「つくばエクスプレス（TX）」が開通し巨大なターミナル駅に変身した秋葉原駅。同年3月には駅前に産学連携機能を備えた「秋葉原クロスフィールド」も完成、そしてなにより、いまや世界が注目する日本のアニメ文化＝オタク文化のメッカとなった〝アキバ〟こと、秋葉原の街。多様で雑多なこの街に、近年、犯罪も急増していることも知ることになるのです。「5万人以下とはいえ、この街には人が暮らしているよ、小学校もあるよ」

こうしてゼミ生たちは明治大学の学生として自分たちが何をすべきかを発見していきます。調査研究のテーマが深まっていきます。教室で学び、地域に、街に出て学び、問題・課題を発見し、それらの解決に向けて行動を起こし、実践する様は、さながら知的サスペンス・アクションを体感しているようです。

「80万人もの昼と夜の人口格差が発生してしまう現代都市で人間が共生する方法を研究することを究極のテーマにしよう」

「イイことを思いついた。掃除をしながらもう1つ別の社会貢献が同時に達成できる方法を見つけたよ」

ゼミ生たちの〝千代田区を掃除してみよう〟といった思いつきは、想像を超えるほど大きく動き出しました。その構想は、次のとおりです。

一　小学生の下校時に腕章を付けた大学生が通学路の清掃活動をする。清掃だけでなく、小学生を見守る防犯に役立つ。小学生の安心安全をもたらす清掃活動にする。

二　清掃活動を地域の人々と協力、協働して取り組み、地域コミュニティを形成するための活動にする。会社や大学等の法人区民（昼間の人口を構成する人々）と千代田区に住む、暮らす人々（夜間人口）との交流を生みだす、これまでなかった新しい展開、新しい街づくりをめざす。

三　大学生や街の大人たちが清掃活動する姿を下校途中の小学生たちに見せることで、環境教育の実践を促進できる。清掃が単発のイベントではなく、継続的に行われることを子供たちが目撃し、環境問題への継続的取り組みの大切さを学び取る形をめざす。

清掃する大学生や大人たちは、清掃しながら子供たちを見守り、子供たちは、清掃する大人たちを見て、環境への継続的活動の大切さを知る、見る、見られるという相互コミュニケーションの形成に役立つ清掃活動にする。

四　大学生が清掃活動を展開するなかで、学術研究の成果として秋葉原の街のゴミについて分析・研究する。ゴミは生活文化そのもの。清掃活動で集めたゴミを調査し、特徴あるゴミ（生活文化の特性）については明治大学の「環境展」の会場に展示して、研究成果を発表する。

ゼミ生は、以上の4項目を〝千代田区における大学の自問清掃活動の実践とその効果〟のテーマとして設定し、地域、街という教育の現場へ、実学の現場へ向かったのです。学生の「やってみよう」という気持ち、自主性を出発点として、教育の新しい冒険は、こうして船出しました。

②取り組みの経過

◆活動について

まず、ゼミ生6名が、秋葉原にある千代田区立昌平小学校の通学路の清掃に取り組みました。活動の時間は、午後3時からの1時間としました。当時、昌平小学校の下校時間は、1、2年生が午後1時半から、3、4年生は2時半から、5、6年生は3時半からと1時間ずつ差がありました。活動を開始した5月から7月前半までは月2回、第2と第4月曜日に実施し、7月後半は、秋葉原地区の収集したゴミの調査のため、週2回、月曜日と金

曜日に実施するというローテーションを組みました。書けば数行の活動ですが、真夏の炎天下での清掃活動は、決して楽な体験授業ではありません。下校しながら清掃活動を見つめる子供や、「なにしてるの?」と話しかけてくる小学生もいます。緊張する大学生を眺めて「小学生を見守る清掃活動ですが、小学生から逆に見守られてる感じもしますな」と近所の大人たちから笑顔がもれることもありました。

これが、地域コミュニケーション形成の始まりの姿です。

大学生の活動員は、清掃隊3名、交通安全隊3名に分かれ、清掃隊は、昌平小学校前の道路、地下鉄湯島駅に通ずる通学路である昌平坂通り、JR秋葉原駅に通ずる通学路、中央通りの3地域を清掃しました。収集したゴミは可燃ゴミと不燃ゴミ、それに投げ捨てられたタバコの3つに分類しました。交通安全隊は、小学生の保護者や区から派遣された交通指導員の方々と協働する形で、コミュニケーションをとりながら通学路である外神田の嬬恋坂交差点、昌平通り交差点での交通安全活動に取り組みました。大学生が、地域の大人たちや子供たちという、めったに会話する機会のない人々と、街の中で出会って会話するという貴重な体験学習は、こうして実現したのです。

◆清掃活動による調査結果

調査の結果、表1が示す通り、ゴミの量は曜日によって異なり、全てのゴミの項目で月曜日が最も量が多いことが判明しました。秋葉原に多くの人々がやってくる土曜、日曜に集中的にゴミが捨てられるということがわかり、また秋葉原には非常に特殊なゴミが落ちていました。例えば、PCの備品、フロッピーディスク、乾電池など主に電子機器系のゴ

表1　清掃活動で採集したゴミの分類

（2007年度）

ゴミ採集調査日	8月28日（月）	9月8日（金）
タバコ（本）	282	144
ゴミの総量（g）	903	481
ペットボトル（本）	13	3
缶（個）	16	5
ビン（本）	2	2

ミが多く、いかにも電気街・秋葉原らしい結果ですが、このようなゴミが小学生の通学路に落ちているということは危険に他なりません。

大学生の定期的な清掃活動が目指した子供の安心安全はゴミの収集からも、その重要性が立証されたのでした。

秋葉原で集めたこれらの特殊なゴミを、2007年12月11日から15日に駿河台校舎リバティタワーで開催された学内環境展「ECO　ACT　MEIJI　明治大学環境展」に出展し、参加しました。この展示会は、明治大学の環境保全活動の一環として、教職員・学生を対象に環境問題・環境保全に関わる情報を提供することにより環境意識を高めることを目標に、毎年、開催されています。秋葉原で清掃活動をして学生たちが集めたゴミ、スポーツトレーニング用品やガチャポンやフィギュアといったオモチャのゴミは、展示物のなかでもひと際、見学者の衆目を集めて話題になりました。秋葉原という地域の、街の実体を多くの人々に知らしめる結果となったのです。

◆広報活動について

清掃活動を経験した学生たちは、経験＝研究成果を載せたフリーペーパーを作って発行し、地域コミュニティづくりに役立てようといい出しました。最初は、思いつき。そして「やってみよう」の熱意。①限定された地域社会を対象にする、②その地域の幅広い年齢層の、多くの人々に見ても

表2　『Rond』の発行部数の推移と広告掲載量

発行号	第1号	第2号	第3号
発行日	06年10月16日	06年11月27日	07年2月19日
発行部数	1,000部	1,500部	1,500部
ページ数	8ページ	12ページ	16ページ
特集内容	清掃活動	都市防犯	地域活動
広告収入	0円	15,000円	33,000円
広告掲載	0本	3,000円×5本	2,000円×1本 5,000円×3本 8,000円×2本

らう、③地域の法人にも協力してもらう、この3つが発行企画の視点です。特に、法人の協力については、地元企業、地元商店街等が地元住民に向けた広告を掲載することで法人区民を地域コミュニティ形成に参加させる企てです。

タイトルは『Rond』。フランス語で「輪」という意味です。学生たちは、自分たちが発行するフリーペーパーが、地域の人々が地元の街に関心を持つきっかけとなり、買い物や清掃活動や各種イベントに参加し、人々との交流を深め、また新しい交流を生みだし、地域の人々の輪が大きく強く育つことを願い、『Rond』というネーミングを選んだのです。第1号は2006年10月16日に創刊し、以後、11月27日と翌年2月19日の計3回、発行しました。

創刊号は自問清掃活動を特集し、活動の目的、活動の範囲、清掃で見つけた珍しいゴミ等を紹介しました。第2号では、秋葉原の防犯グッズのお店の紹介や都市生活の安全に関する特集と秋葉原タウンマネジメントを取材して紹介しました。第3号では、秋葉原が街として取り組んでいる様々な活動や千代田区の生活環境条例、千代田区ボランティアウィーク2006に加え商店街の紹介を特集しました。号を重ねる度に内容が充実したことが誌面にはっきりと現れています。広告収入を得ることは発行の目的ではありませんでしたが、3号には6社の地元企業・商店街の広告が掲載されました。広告を掲載するに値する媒体として『Rond』が社会的に認められた喜びは、学生たちにとって貴重な経験となりました。進展の記録を表2として掲載します。

編集制作したフリーペーパー『Ｒｏｎｄ』の配布は、秋葉原、神田、駿河台地域の万世橋警察署や出張所、各小学校などの公共教育機関、広告掲載店舗や協力コンビニ店、飲食店などの各商店街に設置、その数約70カ所を超えました。「やってみよう」から始まった清掃活動は、こうして、大きな広がりを見せたのです。

フリーペーパー『Rond』

③ 取り組みの成果と課題

この研究の目的は、秋葉原での清掃活動が都市生活の安心安全のためのコミュニティ形成にいかに貢献したかを確認すること、でした。その実験過程で、1つの手段としてフリーペーパー『Ｒｏｎｄ』を3回発行しました。その成果をいくつか挙げることができます。

第一に、活動をアピールすることができました。活動の見える化です。コミュニティ媒体を発行することで秋葉原の環境整備の必要性をアピールできたことです。ニューヨークのルドルフ・ジュリアーニ元市長の〝割れ窓理論〟の実践ではないですが、汚れた街には犯罪が発生しやすく安心安全が脅かされます。安心安全のためにも街はきれいである必要があります。防犯を兼ね、小学生を見守りながらの清掃活動、集めたゴミの実体調査、活動に伴う周辺住民の意識の変化、法人市民を巻き込んだ形での活動の拡大、その広報活動と学生たちの地域社会との連携・協働による取り組みは、多面的な立体的な成果を生みだしました。

第二に、調査活動においても、拾い集める度にゴミの種類を分別し、統計として整理し、昌平小学校の子供たちからアンケートを取るなど調査データを収集・加工し、自分たちで結論を引き出し、調査結果を基に問題解決への提言をするという学習能力が秋葉原という街を教室として培われたと思われます。

昼間人口約85万人、夜間人口5万人以下という千代田区の、新しい都市文化が生み出す歪み、安心安全の欠如、地域コミュニティの求められる形など様々な問題を清掃活動で収集したゴミを分析しながら解決していく学習体験は、1つの実験として予想以上の成果を上げられたと考えます。

④ 意見発表

この学習成果を踏まえて、大学生たちは、シンポジウム「つくばエクスプレス（TX）開通と沿線経済の活性化」に参加しました。2006年12月5日火曜日という平日にも関わらず会場（秋葉原のダイビル）は200人近い人で埋まりました。千代田区やTX沿線の各市市長らが参加したこのシンポジウムでは、新線開通による経済効果や沿線各地の活性化、生活の変化、沿線各地域の連携をどう図るかといった問題が活発に論議されました。その白熱の論議に、学生たちも果敢に参加して、自分たちが自ら体験し調査研究した秋葉原（TXの始発駅）の清掃活動と都市の安心安全、地域コミュニティ形成などについて意見発表したのです。実に堂々とした活動報告でしたが、それは、学習の成果に裏打ちされた結果だったと思われます。

⑤ 活動の社会的認知

法人区民の巻き込み方の1つの方法として取り組んだフリーペーパー「Rond」の発行が今回の活動の成果を物語っています（先の表2参照）。第1号は8頁で広告掲載は0本。第2号は12頁で広告は5本、広告収入1万5千円。第3号は16頁で広告掲載は6本で広告収入が3万3千円にもなりました。資本主義経済下の商業媒体は、通常、広告収入が多いと媒体価値が高いと評価されます。広告収入の確保が目的ではありませんでしたが、学生が作った媒体の価値が認められた、1つの証明ではあります。

さらに、この研究活動は2007年にNHK総合テレビ「首都圏ネットワーク」という番組の〝しゅとけん元気印！〟コーナーで紹介されました。大学生の地域貢献をテーマとして、清掃活動をしつつ、小学生とコミュニケーションを図る大学生として取り上げられました。これも、社会的評価、活動の社会的認知の1つの結果といえるでしょう。

(3) 屋上農園〝希望の庭〟

千代田学の活動報告の最後は、これはぜひともカラー写真でご紹介したかった、美しくも感動的な、屋上農園の物語です。これも学生の「やってみたい」から始まりました。千代田学は、千代田区の地域連携活動支援の助成を受けた教育研究ですから、千代田区という自治体の方針に沿った研究が展開されることが理想的な形です。

商学部のある駿河台校舎の周辺は、ビルばかりです。いかにも大都市・東京都心の風景といえます。明治大学では環境への配慮に努め、ISO14001（国際標準化機構の環境マネジメントシステム）を認証取得し、継続的な環境改善に取り組んでいます。

学生が、ポツリと、こういいました。

「もっと貢献できることをやってみたいなぁ」

「大学の施設を使ってできないかなぁ」

学生は大学の建物を見上げていったのです。教員である私はここで学生たちに次の2つの〝問題〟を出しました。

・明治大学学生会館の屋上を使って環境に関する実験とその成果の分析をすること。

・商学部独特のオリジナリティを加味すること。

通常の試験問題なら60分で解答を求めるのですが、これはゼミナールの授業です。学生は、1年をかけてこの解答を提出しなければなりません。授業の新しい形です。

千代田区では、「千代田区屋上緑化助成金交付要項」改正（2006年8月1日施行）により屋上緑化を推進しています。この要項は、屋上、壁面、ベランダ等の緑化事業を行政としてサポートし、都市緑化、都市部のヒートアイランド現象の緩和に寄与し、雨水の一時貯留・大気汚染の緩和、地球温暖化防止、都市景観の向上など生活環境の保全・改善を図ることを目標にしていました。

千代田学と行政の取り組みが見事に合致する研究・教育テーマです。しかも、明治大学らしい、商学部らしい方法で問題解決に向けて動きだしました。

学生たちは、大学の許可を得て、明治大学11号館隣の学生会館の屋上に、土を運びこみました。それなりの量の土です。

「ここを農園にしよう。名前は、〝水野ゼミナール農園・希望の庭〟にしよう。」学生たちはそこに希望の種をまきました。その取り組みの過程を日記風にお伝えします。

2007年7月4日　曇り　学生たちは、明治大学学生会館の屋上の自ら作った水野ゼミナール農園〝希望の庭〟に集まり、〝ケナフ〟という植物の種をまきました。約300粒を、3粒ずつ、50㎝間隔で植えました。「芽を出してくれよ、大きく育ってくれよ」と、種に語りかける学生。庭園の名にふさわしい取り組みの、これが始まりです。

7月24日　晴れ　ケナフの種を植えて以来、曇りや雨の日が続いていたのですが、久しぶりに太陽が顔を覗かせました。その光を受けて輝く、約15～20㎝の背丈に成長したケナフの若々しい緑を見て、学生たちの表情は輝きました。

10月17日　晴れ　この日、ケナフの背丈を図ると4mを超えていました。種を植えてからわずか3カ月。綺麗な白い花も咲き〝希望の庭〟は、緑と白の美しい庭園になりました。4か月前まで、ここは無味乾燥なコンクリートで固められたビルの屋上だったのです。

ケナフが成長するように、学生たちも成長しました。学生たちの環境グループは、「大都市緑化と子どもたちの環境教育」というテーマを考えだし、〝希望の庭〟のケナフを材料にして子どもたちと紙作り体験学習を実施し、環境の大切さを学ぶ、その準備に取り組み始めました。

10月27日　曇り　学生たちは、この日、明治大学駿河台校舎と明治大学付属明治高

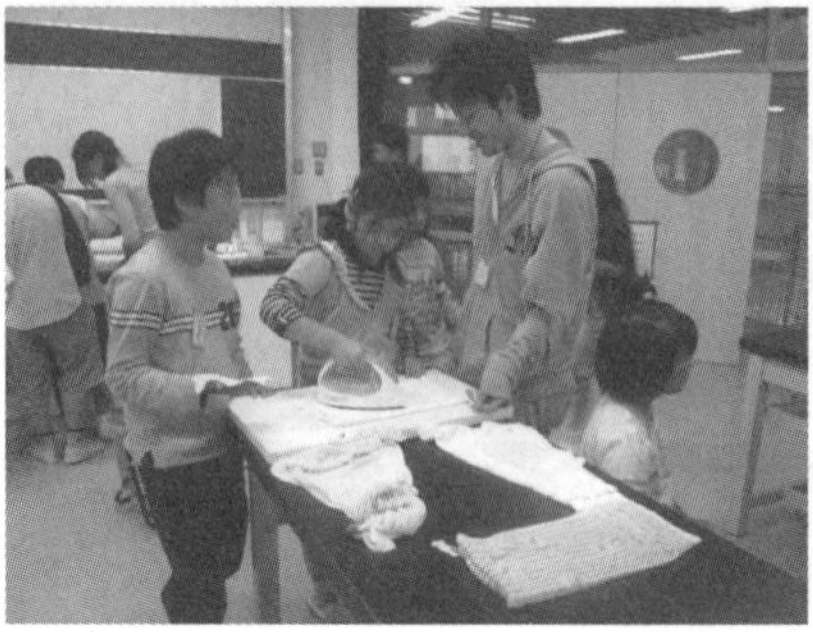

等学校の化学実験室に千代田区内の小学生8人を招き、環境教育として、温暖化に対する勉強会と、ケナフを収穫し（刈り取り）、それを原料に紙すき体験を学習するというイベントを開催しました。

「わぁ、紙ができた！」小学生から歓声が上がりました。前の日に大学生たちがケナフを材料にして作っておいたパルプに水を混ぜ、ヤマトノリを入れてパルプをすき、水気を取るためにアイロンをかけて乾かすと紙が誕生します。

小学生1人が6～7枚の紙を作りました。紙を大切にする、環境を考える、温暖化対策に興味を持つ、美しい自然を守るなど、この日、大学生と小学生は、〝希望の庭〟が生み出した自然の宝物から多くのことを学びました。念のために、ケナフという植物について書き添えておきます。

ケナフは、アオイ科フヨウ（英名ハイビスカス）属の一年草で、わずか3～4カ月で3～4mに成長する植物です。ハイビスカスに似た美しい花が咲きます。語源はギリシャ語で〝麻〟の意。ケナフは成長が早く、二酸化炭素の吸収が一般樹木の4倍以上といわれ、空気を浄化し、地球温暖化防止を担う環境保全植物として注目されています。また、ケナフは、〝グリーニング草〟ともいわれ、化成肥料や農薬で弱った土壌や過度の肥料投下でバランスが悪化した地質を改善したり、水中の窒素やリンを吸収するので水質改善にも役立つ植物ともいわれています。

① 取り組みの成果と課題

学生に問題を出した担当教員である私も、当初、ケナフの植物としての能力を知りませ

んでした。名前は知っていましたが、種から芽を出し、瞬く間に成長して生い茂った様子を目の前にした時、初めて、書物から得た知識を体感、実感しました。すごい植物です。ケナフが紙に変わっていく様子を目の当たりにして、ケナフが紙の原料になることを確認できたのです。学生たちのおかげで驚きと感動を授業の中で体験しました。日々成長する学生を見るのは、教員の幸福ですが、その学生の活動から教えられるという体験は、教員冥利に尽きます。今回の〝希望の庭〟は、大学の授業ですから、感動や発見を学問にする必要があります。それが商学部の千代田学です。

学生たちは、体験を分析し、集計し、次のような数値化を試みました。学生たちが作った報告書は、こう述べています。

ケナフは１坪で約50本の栽培が可能であると判明。東京都全体で推測してみると、屋根面積の50%にケナフを植えたとすると２億５千枚のハガキが生産でき、かつ、二酸化炭素約１６００トンが削減できる。この屋上緑化により建物内部の夏場の温度も下がり、ビルの冷房経費の削減に貢献するなどケナフの成育期だけで、その生い茂った緑により約１３２億円の節約、経済効果が生まれる。

学生たちは、これらの試算方法を簡単明瞭にまとめて小学生たちにも配布しました。

千代田区が行政として推進する屋上緑化やヒートアイランド現象緩和策等の取り組みは千代田学を担う学生たちの手によって、１つの試みとして実践され、研究され、小学生たちへの体験的環境教育へとその取り組みを発展させたのでした。

② 学生の声

「小さな種を土の中に植えた時はドキドキしました。それがアッという間に成長して3m、4mの背丈になって、ビックリしました。花もすごく綺麗でした」

「環境問題は避けて通れない。若い世代が新しい方法で担うべきでしょう。小学生は将来の強力な味方だと思う。結構、真剣に小学生と勉強できたと思います」

「このプロジェクトはぜひ継続したい。一過性のイベントに終わらせたくない。千代田区から東京全域へ、日本中に、世界中に広めたい。特に若い世代に継承したい」

「デジタルネットワーク社会になっても紙の消費量はむしろ増加している。紙が作れて、成長がはやくて、二酸化炭素吸収力が極めて高いケナフって人類の救世主じゃないか?」

「植物を育てるって、心が落ちつく感じ」

「東京のビルの屋上全部がケナフの花と緑の葉でいっぱいになったら綺麗だろうな」

学生たちは感想を次々と語ります。学生たちが作った農園の名は〝希望の庭〟。この千代田学は、学生を明るくしたと思います。

「日本には全てがあるが希望だけがない」といったのは現代作家・村上龍氏ですが、学生たちは「希望の庭を至る所に作りたいよね」と笑顔で語り合っていました。

学生たちの強力なプレゼン力により、千代田区はこの取り組みの継続を決定。次年度は屋上農園〝希望の庭〟で野菜の栽培に挑戦することになりました。

③ マスコミも注目

この活動については2007年10月28日付の朝日新聞の朝刊で記事にしてもらいました。

大学生が大都市緑化政策を担う取り組みとして、二酸化炭素削減に適したケナフを育てたこと、その体験を踏まえて地元の小学生に環境教育を行ったことなどが紹介されました。新聞記事になることが外部評価の高さの証明とは限りませんが、広く衆目を集めた取り組みだったことは事実です。

千代田区―首都圏 ECMの概念図

～明治大学商学部は地域社会への貢献をとおして、学生力をアップします！～

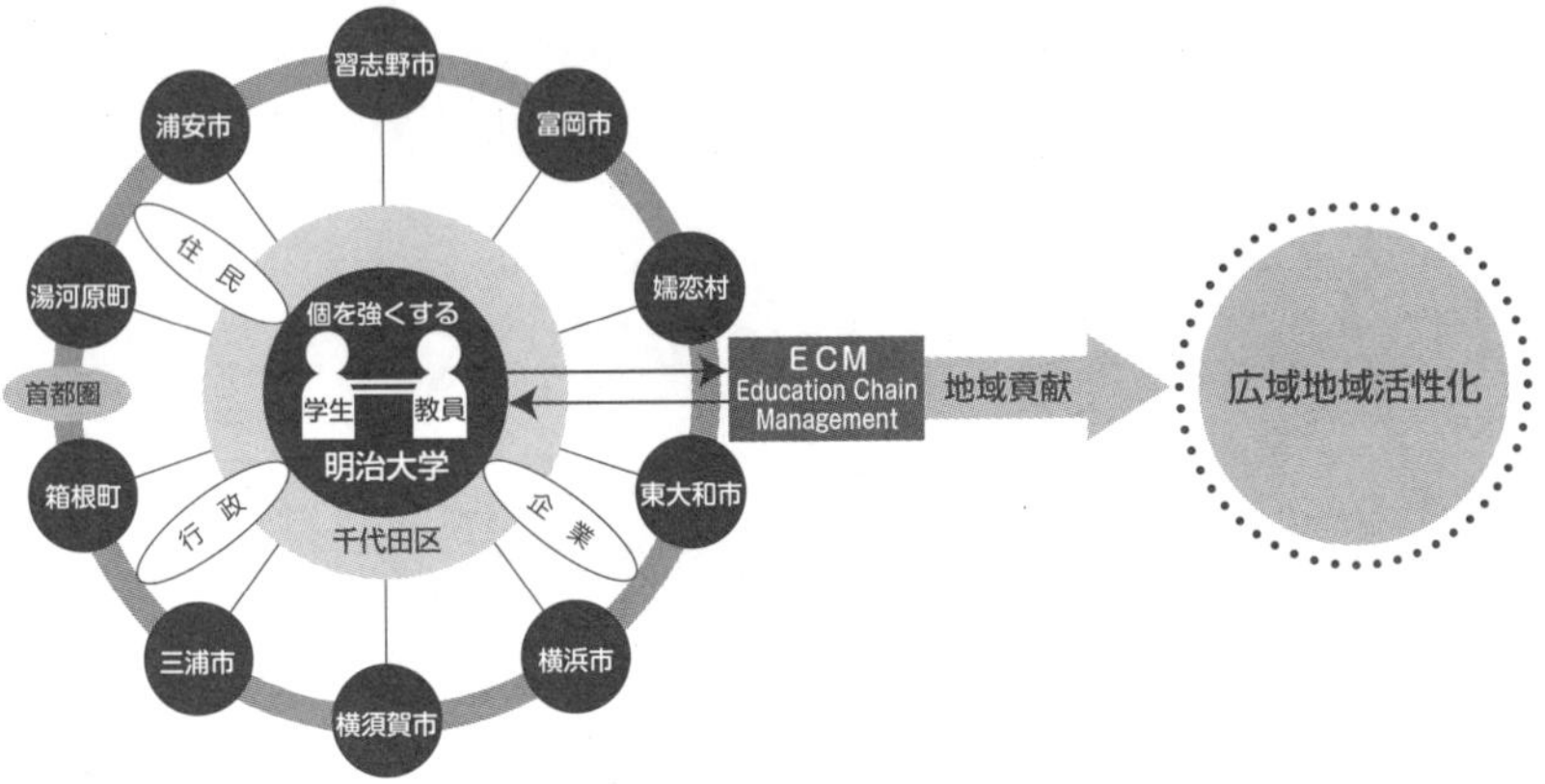

社会人と学生の連携

●シンポジウムにおける学生による報告風景●

商学部と農学部の連携

●明治大学農学部産ジャガイモを使ってコロッケを作り、商学部が販売（於 群馬・嬬恋村の祭にて）●

（注：上記は明治大学商学部の事例です。）

第3章

広域地域連携プログラム

K.Fukumiya　J.Ohtomo　K.Mizuno　H.Yamashita

1

明治大学の社会連携と広域地域連携プログラム

福宮　賢一（社会連携機構長）

たくさんの大学の中から明治大学を選び、特に商学部を選択し、勉学することを志す若い人たちに、〝社会連携や地域連携を学ぶ〟ことの大切さをお伝えしたいと思います。はじめに全体像をご紹介します。

(1) 明治大学の社会連携について

明治大学は、社会連携活動を教育・研究活動と並ぶ大学本来の機能の1つとして位置づけ、積極的に推進しています。

それは、次のような理由によります。研究活動が生み出す最先端の成果は、まず、教室で学生の皆さんに還元されます。そして教育することを通じて得られたアイディアは研究に反映されて、研究と教育は相互に高めあう相乗効果を発揮します。さらにそのような過程を経て蓄積された知的資産は、大学内に留め置くのではなく、広く社会の皆さんに利用していただき、役立てていただいて初めて、意味のある存在になるといえます。この役割を果たすことこそ、開かれた大学としての社会的使命なのです。大学は、社会から孤立してあるのではなく、社会と共に、そしてつながって存在することがとても重要です。

またこの使命を果たすことは、大学に対する社会的な要請に応えるというだけではなく、

さらに大きな意義をもっています。それは、大学が社会連携活動を通じて、社会から多くのことを学び、そしてそれらのことが教育・研究活動に好循環を生み出すという点にあります。生涯教育に参加する方々や地域の方々との出会いや触れ合いの中から、そして地域の方々の多様な課題に対する取り組みをつぶさに知ることから、学内に留まっていては気づくことのない、新鮮な発見に数多く遭遇します。それらは、教員や地域連携活動に参加した学生にとって感動的で極めて刺激的な体験となり、そしてさらに新しい活動の源泉や活力を生み出します。現在、本学の社会連携活動は、この好循環の中で教育・研究活動の活性化に大いに役立っています。このように、教育・研究・社会連携活動は相互に相乗効果を持ち、これら3つの活動の質をそれぞれ一層高めることになるのです。

これまで明治大学では、社会連携活動をリバティアカデミーが中心となって担当し、生涯教育と地域連携の両面を相互に重ね合わせながら実施してきました。これらの活動の規模と範囲が次第に拡大するとともに、連携が一段と緊密に深まってきましたので、このたび、担当組織の発展的な改組を行いました（2010年10月）。新組織では、社会連携機構を創設し、そのもとにリバティアカデミーと地域連携推進センター（新設）を置いて、生涯教育と地域連携の統括と分担を明確化しました。こうした機能強化を通じて、これまで以上に社会連携活動の活発化が期待されます。

(2) 現状について

以下では、リバティアカデミーを中心として展開してきた社会連携活動の現状を紹介します。

成田社会人大学

まず、生涯教育においてリバティアカデミーは、個人会員15307名、法人会員51社、受講生数22640名を擁し、教養・文化講座、ビジネスプログラム、資格・実務講座、語学講座等を中心とする他、再就職支援のための委託訓練、文部科学省司書講習、文部科学省司書講習（メディア授業）、教員免許更新講習、企業等委託研修等を併せて、開講講座数380講座（いずれも2009年度）を展開しています。

また、地方自治体と連携した講座も開講しており、継続中の講座名、連携先、開講年度、実施場所は以下のとおりです。

- 「明治大学・成田社会人大学」（千葉県成田市、1997年度、成田市）
- 「飯田産業技術大学」（長野県飯田市、2003年度、飯田市）
- 「鳥取県・明治大学連携講座」（鳥取県、2005年度、本学駿河台キャンパス）
- 「明治大学・新宮市民大学」（和歌山県新宮市、2006年度、新宮市）
- 「明治大学公開講座」（埼玉県北本市、2007年度、北本市）
- 「長和町民大学」（長野県長和町、2007年度、長和町）
- 「明治大学・和歌山県新宮市連携『熊野学フォーラム』」（和歌山県新宮市、2008年度、新宮市）
- 「明治大学との連携事業」（群馬県嬬恋村、2008年度、嬬恋村）
- 「明治大学・福井県連携講座」（福井県、2008年度、本学駿河台キャンパス）
- 「とっとりグランマ倶楽部」（鳥取県・鳥取大学、2008年度、鳥取県）
- 「外国人向け観光ガイドの育成事業」（和歌山県新宮市、2008年度、新宮市）

・「東紀州観光まちづくり公社連携講座」（東紀州観光まちづくり公社、２００８年度、本学駿河台キャンパス）
・「明治大学・天童市連携講座」（山形県天童市、２００９年度、天童市）
・「鯖江市・明治大学連携講座『まなべ学講座』」（福井県鯖江市、２０１０年度、鯖江市）

都内での地域連携としては、
・「近代文学講座」（東京都杉並区、２００６年度、本学和泉キャンパス）
・「夏季源氏物語公開講座」（東京都千代田区、２００６年度、本学駿河台キャンパス）
・「ちょうふ市内・近隣大学等公開講座」（東京都調布市、２００６年度、調布市）
・「三鷹ネットワーク大学」（東京都三鷹市、２００５年度、三鷹市）
・「明治大学連携講座」（東京都府中市、２０１０年度、府中市）
などを主催、共催、講師派遣などの形態で展開しています。

これらの連携において、本学と連携協力協定書を締結した地方自治体は、和歌山県新宮市（２００６年６月）、長野県長和町（２００６年６月）、長野県飯田市（２００７年３月）、群馬県嬬恋村（２００８年12月）、鳥取県・鳥取大学（２００９年３月）、山形県天童市（２０１０年12月）の６自治体１大学に及びます。今後も全国各地域との連携を求めながら、さらに一層緊密な連携を図ることに注力し、本学の社会貢献を果たして参ります。

上記の明治大学が取り組んでいる地域連携活動の中に、鳥取県と山形県天童市と福井県鯖江市が含まれていますが、この３つの地域は明治大学を創設した３人、岸本辰雄（鳥取

藩）、矢代操（鯖江藩）、宮城浩蔵（天童藩）のそれぞれの故郷です。明治時代が始まったばかりのころ、廃藩置県の直前に明治政府の求めに応じて、各藩から18歳～19歳の若者がわが国の将来を託されて、東京に派遣されます。この機会を得てフランス法学を学び、維新の志を燃やした3人は、1881年（明治14年）に明治法律学校を設立します。ここに明治大学の歴史が始まりました。2011年に明治大学創立130周年を迎えますが、明治大学の地域連携活動は、『権利自由』、『独立自治』の建学精神をより一層、社会的貢献に活かすため、創立者のそれぞれの故郷と協働し、未来へむけて、幸福な地域再生に取り組んでいます。

これらの活動は、明治大学に入学し、卒業し、社会のあらゆる領域、あらゆる地域（世界の各地域を含みます）で活躍する時、ユニバーシティ・アイデンティティの核となる学習体験となるでしょう。創立者の建学の精神は、若い人々に、あらゆる地域の人々に、受け継がれ、未来に継承されるでしょう。

これが、明治大学の社会連携、地域連携活動です。

〝実践・実学の明治〟といった歴史的、時間的つながりをタテの糸とすれば、地域連携が横につながる糸もあります。以下、その例をご紹介します。

(3) 広域連携プログラムへの取り組みについて

本学の社会連携活動の中から、地域の広がりを持った連携活動が生まれ、文部科学省の委託事業「社会人の学び直しニーズ対応教育推進プログラム」に採択された事業があります。

（明治大学リバティアカデミー編集発行、2007年７月）

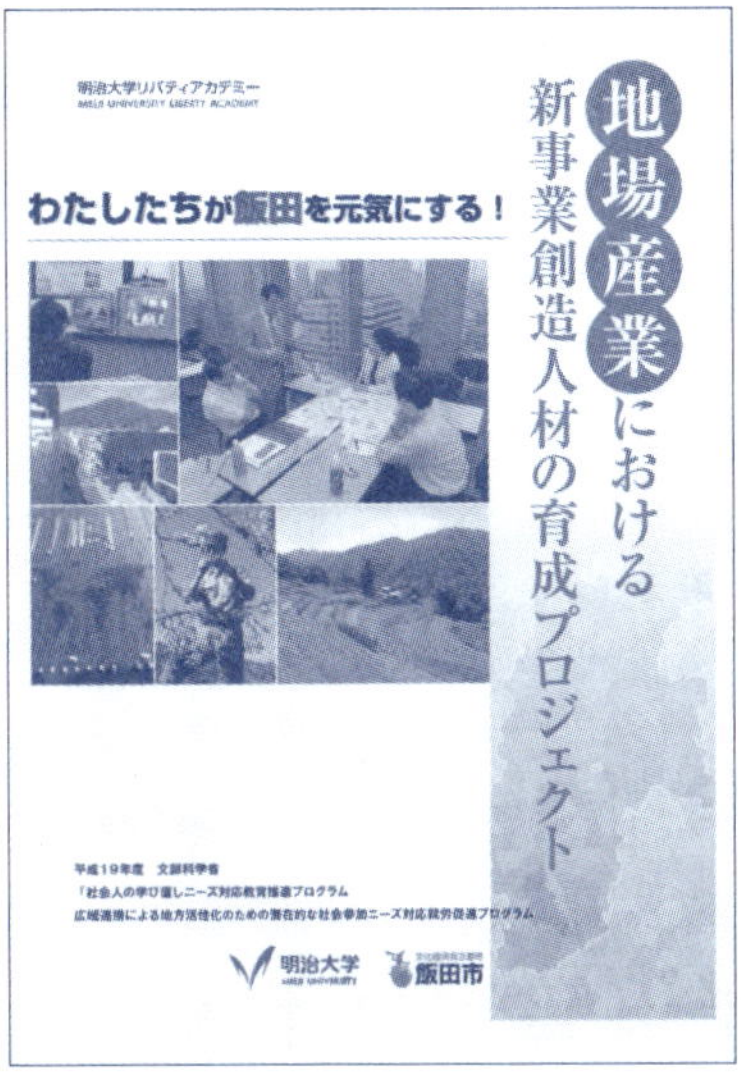

（明治大学リバティアカデミー編集発行、2008年３月）

事業名称：『広域連携による地方活性化のための潜在的な社会参加ニーズ対応就労促進プログラム』
実施主体：リバティアカデミー、事業担当者：水野勝之商学部教授
実施期間：２００７年８月～２０１０年３月
対象地域：長野県飯田市、群馬県嬬恋村、和歌山県新宮市、鳥取県、長野県長和町の５地域

この事業の目的は、リバティアカデミーが主体となり、学び直しの機会を逸した人々を対象に、学びの必要性の自覚を促し、就労や地域活動を促進することにあります。地理的、年代的理由などから、キャリアアップをあきらめていたり、気づいていない人々に、学び直しの重要性を「気づか」せ、就労や地域活動に「覚め」させることを使命として、４段階の学習ステージを用意し、対面式講座とユビキタス教育技術を併用して実施されました。対象者は、①地場産業経営者・従業員、②伝統産業従事者、③定年退職者、④主婦、⑤独居老人等を想定して、地域活性化につながる取り組みを各地域で展開しました。

それぞれの対象地区での活動の概略は、以下のとおりです。

① **長野県・飯田市プロジェクト**

『地場産業における新事業創造人材の育成プロジェクト』と題して、飯田の地域ブランド確立をめざし、導入教育（個人的な関心）→実務教育（問題意識醸成）→自立学習（課題解決能力）→社会参画力（擬似就労体験）の段階を追いながら、主としてマーケティング戦略を学習しました。商学部からは、大友純教授、小川智由教授、および福田康典准教授が講師を務めました。

このプロジェクトからは、NPO法人「F・O・P」が設立され、南信州に関わる全ての人々が「ありがとう」や「楽しい」という気持ちでつながり、沢山の笑顔と共に南信州を発信し、世界をエコシフトしていくという理念の下、様々な活動が展開されています。農業生産者と消費者を結び、農を考えるイベントの開催などをファーマーズヘブン運動としてブランド化していく努力が続けられています。

前述のNPOの代表を担う2児の母親でもある女性は、こう語っています。

「自分は高校生の時あまり勉強をしませんでした。それが偶然、飯田市で開かれた明治大学の講座に参加して、私は目覚めることができました。故郷の飯田市と私自身が元気になるよう、これからも勉強します。」

本章の第2節から第3節では、以上の取り組みのさらに詳しい紹介をしておりますので、そちらもぜひご参照下さい。

② **群馬県・嬬恋村プロジェクト**

ここでは、『伝統技術指導人材の育成プロジェクト』と題して、農業の伝統技術が継承

（明治大学リバティアカデミー編集発行、2008年３月）

されずに衰退が懸念される伝統産業の従事者および関係者を主な対象として、伝統技術の素晴らしさを再認識し、伝統を継承する指導者を育成することを目的にして実施されました。商学部からは、水野勝之教授と大友純教授が参加しました。

農業を中心として地域振興を図ることを目的に、嬬恋村アンテナショップの企画運営、アグリカレッジ、農業を中心とするリーダー発掘企画、農業体験企画・実行、まちおこしのための新ブランド企画などを学習し、『嬬恋アグリカレッジ教本』を作成しました。また、このプロジェクトからは、ＮＰＯ法人「好きです、嬬恋」が誕生し、「好きです嬬恋」嬬恋満喫ツアーが実施されるまでになりました。

嬬恋村との連携は、商学部の『広域連携支援プログラム―千代田区＝首都圏ECM―』（文部科学省「現代的教育ニーズ取組支援プログラム（現代GP）」２００５年度採択）において実施された、富岡市・嬬恋村連携の取り組みを出発点として発展してきました。その点については、本章第５節で詳しく紹介しておりますので、ぜひご参照下さい。

この連携活動には商学部の学生たちが、授業として、あるいはボランティアとして、主体的に、自主的に、多数参加しました。世界各国からの明治大学留学生も参加し、外国人の目からみた嬬恋村再生の提案もされました。地元のＮＰＯの方々と学生・留学生たちが協働して郷土料理を作り、会食し、嬬恋村の未来を語り合うといった国際的な（？）光景も見られました。

和歌山県・新宮市プロジェクト

③ 和歌山県・新宮市プロジェクト

『外国人向け観光ガイドの育成プロジェクト』と題しての取り組みは、「紀伊山地の霊場と参詣道」が世界遺産登録（２００４年）された後、外国人観光客が急増したことに伴い、外国人向けの『おもてなし』のできる人材ニーズが高まったことに対応する形になりました。新宮、田辺、那智勝浦、および熊野の各地域を結んで、ガイドの基礎知識、英会話から始まり、おもてなしや異文化コミュニケーション、ガイドのための英会話の学習を経て、英文観光マップの作成や現地研修によるガイド模擬体験など、ボランティア英語ガイドの育成が図られました。現在、「英語観光ガイド育成事業」として新宮市が継続して取り組み、本学は講師を派遣しています。

④ 鳥取県連携プロジェクト

『とっとりグランマ倶楽部結成プロジェクト』と題して、鳥取県、鳥取大学、および本学の3者の連携講座として２００８年に開講されました。この取組みを契機として、この3者間の連携は『連携協力に関する協定』の締結（２００９年3月）に発展しました。

『とっとりグランマ倶楽部』は、地域や社会のために役立ちたいと考えている、概ね40代から50代の女性を対象とした講座で、受講後は、グランマ倶楽部の一員として、県や市の人材バンク、地域のNPOやボランティア団体等に登録し、地域や社会と積極的に関わっていただくとともに、各家庭での介護や子育てに役立てることが期待されています。なお、『グランマ』は、〝おばあちゃん〟の意味ではなく、グランドの本来的意味〝素敵に輝く〟を踏まえ、『素敵に輝く女性たち』を指しています。

（明治大学編集発行、2009年３月）

第1期のテーマは、「私の一歩が地域を変える―女性による鳥取素敵化計画」、第2期のテーマは「食」として講座が展開され、受講修了1期生と2期生約80名を中心として、修了生の会『とっとりグランマ倶楽部』が発足（２０１０年1月）し、活動の継承と発展が図られています。事業委託期間終了後も『とっとりグランマ倶楽部』は引き続き開講され、第3期は「ワーク・ライフ・バランス」をテーマに展開されています。

この取り組みには、商学部から水野勝之教授、大友純教授に加えて故・刀根武晴・明治大学名誉教授が参画し、スケールの大きな地域連携を展開しました。その一端として、水野教授が取り組んだ3つの事例をここで紹介しておきます。

その第一は、『とっとりグランマ倶楽部』、鳥取大学地域学部の学生、それと明治大学商学部の学生の三者の連携の下で始まった、地域活性化をめざした取り組みです。具体的には、鳥取名産のラッキョウを使った創作料理「ラッキョウ・チャーハン」と「ラッキョウ・カレー」の明治大学学生食堂での販売、そしてその後の学内での「鳥取写真展」の開催を成功させました。

第二の事例は、異世代交流イベント「創作料理・地元野菜入りピザ作り」です。これは鳥取県でも有数の農業地域である北栄町の地域活性化をテーマとした取り組みで、ＮＰＯ法人「まちづくりネット」の方々、地元の高校生ボランティアサークル「夢雲」の男子生徒、それと明治大学商学部の学生が連携して、「子どもたちとのピザ作り教室」を開設し、

長野県・長和町プロジェクト

さらに地元観光協会の協力の下、多数の参加者を得て試食会も開催しました。地域内交流ネットワーク形成・地域コミュニティの再生に向けて、いくつもの貴重な教訓を得ることができました。

第三の事例は、2012年に鳥取県で「国際マンガサミット」が開催されることを踏まえて、前述の北栄町の中央公民館分館の一角に「マンガ寺子屋」を開設し、そこをマンガによる地域文化の発信拠点にしようという企画です。鳥取県は蒼々たるマンガ家を輩出してきており、これまでもマンガは地域活性化に大きく貢献してきました。この「マンガ寺子屋」は、そうした地域文化をさらに育むことを目的としております。マンガ図書館、マンガ描き方教室、マンガ・イラストコンテスト、講演会などの企画を含んでおり、NOP法人「まちづくりネット」と明治大学商学部の学生が連携して取り組んでいます。

なお、鳥取県を対象とした議論は、さらに本章第4節の「鳥取一番学」でも別の視点から展開されておりますので、ぜひご参照下さい。

⑤ 長野県・長和町プロジェクト

『歴史遺産ボランティア育成プロジェクト』と題しての取り組みは、長和町が多数の黒曜石原産地と石器時代の遺跡、そして江戸時代の中山道と宿場町といった特色ある歴史遺産をもつことから、歴史遺産を学び、その素晴らしさを自分たちのブランドとして誇りを持って発信すること、そして来訪者に夢を持って語りかけることができるコミュニティを町民自身が創設すること、これらを目標に開講されました。

この取り組みは、長和町に本学黒曜石研究センターが設置されているご縁から、本学と

総括シンポジウム

の『社会連携事業推進に関する協定』の締結に続き、『長和町民大学』の開校へと発展した経緯の上に展開されました。地域の歴史、民俗の勉強を通じて、地域への愛着が増すとともに、直に触れて取り組み、掘り下げることで、新たに行政への課題も見えてくるといった学習効果が見られました。商学部からは、水野勝之教授が講師を務めました。

これら5地域との地域連携活動は、『平成20年度　社会人の学び直しニーズ対応教育推進プログラム　委託業務成果報告書（1077）』（学術・社会連携部社会連携事務室　2009年5月）に記載するとともに、事業終了後、総括シンポジウムを開催し、その記録を「社会人の学び直しニーズ対応教育推進プログラム『広域連携による地方活性化のための潜在的な社会参加ニーズ対応就労促進プログラム』　5地域（飯田市・嬬恋村・新宮市・鳥取県・長和町合同シンポジウム　3カ年の総括評価結果）」（明治大学リバティアカデミー　2010年3月）に取りまとめました。

また、この総括シンポジウムの後、地域相互の交流が始まるなどの成果が見られた他、本学の取り組みが、文部科学省中央教育審議会大学分科会大学規模・大学経営部会（第7回）において、「大学が地域の自治体、関係機関との連携により、地域の潜在的需要を的確に把握し、住民の学習意欲や就業・社会参画意欲を喚起する教育プログラムを実施する例もみられる」（文部科学省ホームページ　http://www.mext.go.jp/b_menu/shingi/chukyo/chukyo4/028/siryo/1291676.htm　「大学における社会人受け入れの促進について（追加資料）」9ページ目、（参考）地域の潜在的需要を顕在化させる大学教育の取り組み例）ものとして取り上げられるなど、衆目を集める結果を得ました。そして委託事業終

了後も、全ての地域との連携を継続し、積極的な支援を続けております。

(4) 未来へ。一歩、前へ。

リバティアカデミーは、社会連携事業の企画・立案に当たるとともに、全学の協力のもと、講師派遣や講座の運営、そして自治体との連携・調整などを行ってきました。上記の様々な取り組みにおいても同様に、学内・学外からの協力のもとに、多様な展開がなされてきました。今後は、社会連携機構がこれらの活動を統括し、学外に開かれた全学の窓口として機能していくことになります。生涯教育を専ら担当するリバティアカデミーと地域連携推進センターは、それぞれ明確に役割を分担しながら、双方に関わる取り組みについては社会連携機構が調整を図り、活動の活性化を実現して参ります。

明治大学を選び、商学部を選択して、自分の未来を切り開くために勉強しようとする若い人に、社会連携や地域連携を学ぶ大切さをお伝えすることが本稿の目的ですので、最後に申し添えておかなくてはならないことがあります。

現代社会はネット社会になり、世界とのコミュニケーションは、水平化しました。グローバル社会といわれる今、その社会を活性化させるのは、地域と地域との連携です。商学部の学びの基本は、経済活動を担うことにありますが、企業活動が単に営利目的だけでなく社会貢献を視野に入れなければ、企業それ自体の存続すら難しい時代を私たちは生きています。若い人たちの努力と鋭意がなければ、環境を含め、持続可能な21世紀に向けた未来はないでしょう。グローバル社会の中で世界を舞台に生きるだろう若い人たちに社会連

携や地域連携の大切さを伝えたい根拠はここにあります。

授業やボランティアとしてそれらに自主的に、主体的に、積極的に関わることをお薦めします。明治大学は充分それに応えうる機能を備えています。

それは、決して楽なことではありませんが、地域とつながることが楽しいと思える瞬間がきっとあります。それがあるから、私たちも継続して社会連携、地域連携と取り組んできました。

〝個を強くする大学〟というのは、明治大学のキャッチフレーズですが、強い個とは何か？その言葉の真の意味を、最も良く習得するのは、地域連携に覚醒した商学部の学生たちであるだろうと確信します。様々な問題のありかをしっかりと捉え、その解決をめざして、地域の人々と協働して取り組むことは、将来の就業力を身につけるという点で最適の授業でもあります。扉を叩いて下さい。高校生という生徒から大学の学生になるということは、自ら扉を叩く行為ができるようになることをいいます。意思を持って行動することによって、扉は開かれ、皆さん1人ひとりにとっての輝かしい未来につながるでしょう。

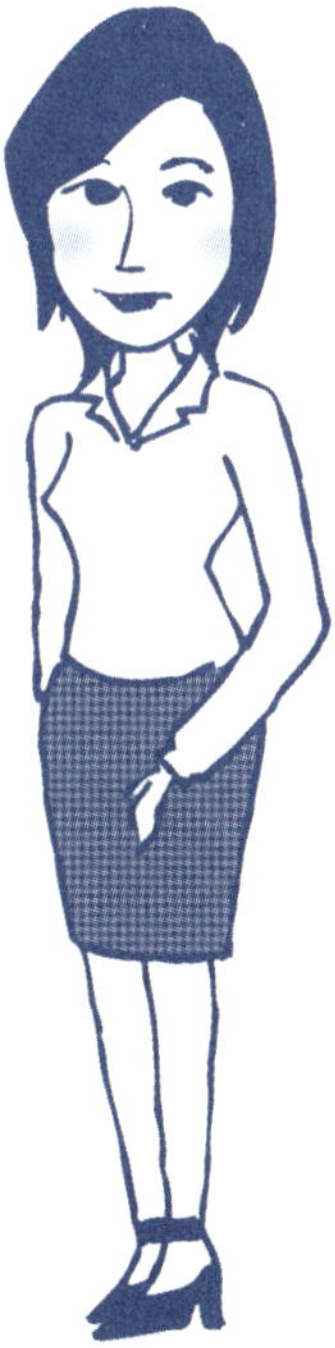

2

長野県飯田市との連携による活動について

大友　純

本プロジェクトは、文部科学省が公募した「平成19年度社会人学びなおしニーズ対応教育推進プログラム」に明治大学の申請した「広域連携による地方活性化のための潜在的な社会参加ニーズ対応就労促進プログラム」が採択されたことを受けて、その趣旨に賛同した長野県飯田市の市民の方々とともに、地域活性化に関する基本的な知識を学び、議論し、そこから飯田市活性化のためのNPOを立ち上げるに際して、明治大学商学部の学生（3年生）も加わって一体となって成し遂げたものです。この活動の中心はあくまでも飯田市の市民の方々であり、この皆さんから学生たちは飯田市の歴史や文化を学ばせてもらうことで、街の産業や商業の活性化のための学生なりのアイディアを平成21年度の夏休み中にまとめ上げて、飯田市の皆さんに提供したものです。もちろん、飯田市の方々が明治大学商学部の教員から学んだ地域活性化に係わる知識は、学生たちも同様に大学の授業で学んでおり、基礎的な部分での価値観の共有がなされており、何度かの現地訪問や街の方々との交流の中で育まれたアイディアなのです。

4グループから構成された大友ゼミナール15期生たちのアイディアは、商学部学生のゼミナール研究論文の発表の場である『商学専門セミナー第3集』に掲載されました。以下にその要旨を紹介したいと思います。

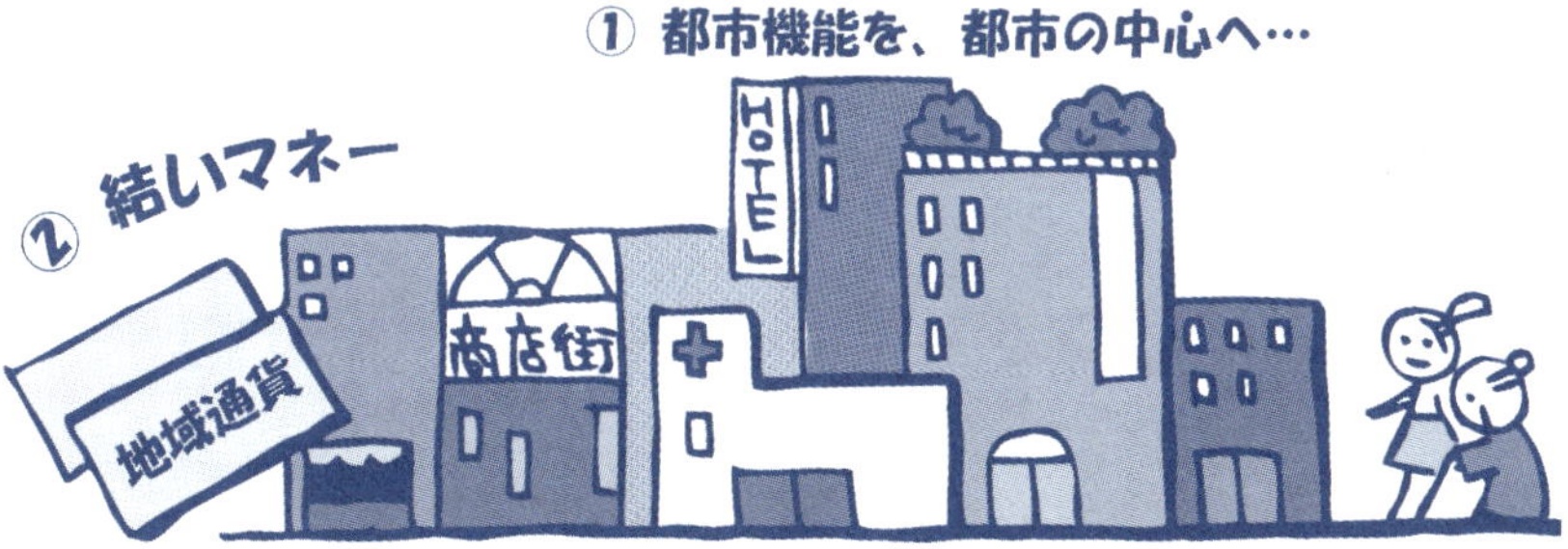

①長野県飯田市活性化へ向けたコンパクトシティ概念の適用（A班）

近年の日本では地方都市の衰退が深刻な問題となっているが、飯田市もその例外ではない。1つの大きな原因がモータリゼーションの進展により車中心型の都市計画の下に郊外に中央資本による大型のショッピングセンターが開発されることによるものである。

結果、地元の既存の商店街に立地している商店が次々と閉店し、買い物地域としての活性度が失われるだけでなく、病院や役所などの市民生活におけるインフラ機関も郊外へと移転し、まさに車がないと日常生活がままならないほどの状況に陥っているのである。

こうした地方都市の現状を救う可能性の高い都市計画の考え方こそが「コンパクトシティ」の概念である。様々な都市機能をできるだけ都市の中心部に集積しなおし、そのための公共交通機関を整備し、より便利で高齢者にも使いやすい都市サービスを提供できるような計画が必要なのである。

②長野県飯田市商店街の活性化に関する多角的アプローチ～大型ショッピングセンターに負けない魅力づくり～（B班）

商店街を賑やかにするためのアイディアとして、(i)商店街の空き店舗を利用したチャレンジショップの企画、(ii)持続可能な商店街を目指して環境に配慮した商店街の実現、(iii)商店街を接点としたコミュニティの実現、という3点を提案したい。そしてこのアイディアを実行する上での核となるのが地域通貨としての「結いマネー」（これは飯田市の古くからの地場産品である〝水引〟をイメージしたネーミングである）の導入である。

これは商店街での買物のほか、この地域通貨を持つ者同士での余剰製品、余剰労働の交換にも利用できるようなシステムの構築を行うことで、自分の提供できる行為や商品を商店街の作

産婦人科に行きながら、
お買いものに…
産婦人科に行きながら、
カフェに…

③ モール内「助産所」

成するリストに掲載し、交換相手を募ってこの結いマネーを利用することになる。これによりコミュニティ内でのコミュニケーションも活発化し、地域内共同体内での関係の強化も期待できるものと思われる。

③長野県飯田市をモデルとした地域医療に関する活性化策について（C班）

飯田市の地域活性化を図るための策として「モール内助産所」の設立を提案する。これはショッピングセンター（SC）のモール内に様々な医療関連施設を配置し、特に分娩施設を有する産婦人科を中核に据えるというアイディアである。

飯田市内の産婦人科医療における分娩可能施設（赤ちゃんを出産できる施設）は、25年前に13ヵ所あったが、産婦人科医の労働が過酷なことなどが原因で閉院が相次ぎ、2010年2月には3ヵ所まで減少する予定である。まさに産婦人科医の労働が過酷で閉院が相次ぎ、そのため残された施設に勤務する産婦人科医の労働がさらに過酷となる、といった負のスパイラルが起きているのである。そこで、産婦人科医の負担をへらすためにも、助産師を中心とした分娩可能施設を設置し、産婦人科医の一端を担うことで、現在の市の医療状況の改善を図ろうとするものである。

さらに、このアイディアではSCという様々な商業機能を有している施設を伴うことで、モールとして一体化し、経済効果も期待できるのではないかと思われる。例えば、定期検診に来た妊婦が帰りにモール内のスーパーで買物をしたり、カフェで診察の待ち時間を費やしたりといったように、集客効果の高い医療施設と商業施設が一体化することで、利便性が一層増大し、まさに街の活性化に直結するものと思われる。

④地産地消による地域活性化についての考察（D班）

地域活性化において大切なことは、その都市を代表する「何か」が存在することである。それを「地産地消」に求めて考察を行ったが、何よりもそれを通じて地域が一体化し、同時にそれによって他地域との差別化を生み出し、独自性を強調することが重要である。

この地域活性化には、さらに、人々の物理的距離と心理的距離を近づけることも必要であると考え、地域活性・復興を目的とした地産地消を模索した。そこで重視したのは飯田市の地場産品である水引の意味するところの「結い」というテーマであり、これを街のコンセプトとして考えてみた。人々が地産地消について正しく理解し、地域のために「自分から」という意識を持てば、積極的に地域づくりに携わっていけるであろう。また農業従事者と消費者が「結ばれている」という感覚を共有することで、さらなる地域活性化が期待できるであろう。

このような学生たちの活動に対して、2010年3月に明治大学内で行われた「社会人の学びなおしニーズ対応教育推進プログラム」に関するシンポジウムにおいて、飯田市を活性化する事業を展開することを目的として設立されたNPO法人「FOP」代表の杉浦歩美氏からは次のような感想をいただきました。

「……明治大学のプログラムのおかげで、たくさんの仲間とその思いを共有できたということで、非常に感謝をしています。……そして明治大学商学部の皆さんとの交流も生まれました。都市と南信州を結ぶ仕組みを学生の皆さんとともに学んできました。そして先ほどのフェスの場では、実際に市民の皆さんに対して、学生の皆さんから発表を

●2008年７月13日NPO法人「FOP」設立会場にて●

していただきました。先日の学園祭ではファーマーズヘブンとして、小川ゼミの皆さんが南信州のリンゴやジャムなどを販売し、発信をしてくれました。……いま、こうして多くの仲間と南信州の明るく楽しい未来というものを築いて、めざして歩んでいくというきっかけをいただいた、明治大学の皆様には大変に感謝しております。」

最後に、飯田市の皆さんとの農業体験や交流会に参加し、今回の論文作成にチャレンジした学生たちの感想を聴いてみることにしましょう。

「夏休み、長期休暇。それは私たち各班員の距離をいとも簡単に遠のけてしまったのです。東京から北海道、名古屋、山形、ヨーロッパ……地球規模になる私たちの物理的距離は、論文の進行を著しくはばみました。章立ての日から、皆が再び集まったのは９月某日。そこから私たちの集中力はすさまじく、ただひたむきに突っ走りました。眠気でよろよろ、台風で電車運休、メイクもボロボロ、もちろんお肌も。それはそれはひどい状態でした。しかしなんとか論文の締め切り日に滑り込みセーフ‼ 間に合ってよかったと皆で涙を流しながらの〝一杯〟は格別でした。〝活動は計画的にね♪〟というCMの一言が身にしみる３ヶ月でした。でも、終えられたんだから大丈夫。みんな、お疲れ様でした‼」

学生の声

長野県飯田市の農業にマーケティングの発想を

▼甲斐 拓人（商学部４年・小川智由ゼミナール）

今の日本には若者の流出により急速な過疎化が進む地域が数多くみられますが、長野県飯田市も同じ問題を抱えているといえるでしょう。私たちは、飯田市の地域活性化を目的として、飯田市の各種地場産業や伝統工芸、観光事業などの現状を調査し、地域の抱えている課題を発見し、新たな企画を立案し提案するというプロセスの活動を、約1年間かけて行ってきました。そして飯田市が若い力を結集し、地域に活気を取り戻すことが地域活性化につながると考え、さらに、都会の若者を中心とした農業ブームが起こったことを機会と捉え、農業によって飯田市と都会とのつながりを形成し、外部から若者を引きこむ企画を立てることにしました。

これまでとは視点を変えた農業の変革、「家族運営での農作物生産」から「法人経営による農業ビジネス」の展開を基本理念として、①法人組織として農業を行うこと、②マーケティングの考え方で農業を捉え「農業＝農作物生産」という既成概念を一新し、③農業のビジネス領域を拡大させることを提案しました。現状では、規制上の制約がある場合も想定されますが、流通の川下への積極的な進出、食材を供給する飲食業に対するメニュー提案やコンサルティング事業、廃棄食品の回収と肥料への転用・販売、農業を主体としたエコ発想の各種体験型観光ビジネス、農業の人材育成事業、そして農作業の場を活用した社員、学生などを対象とした研修ビジネスが、その具体的な事業例です。

この一連の実践活動を通して、土地の持つ魅力を発見することや、その魅力を活用して抱えている問題の解決策を講じることのやりがいや難しさを学ぶことができました。また、現地の皆さんやNPO法人の方々が私たち学生を温かく迎え入れて下さいましたが、飯田市で一緒にこの活動に取り組めたことは、学生生活において大学の教室では得られない、大変貴重な経験になったと実感しています。

3

長野県飯田市との連携（南信州地域振興）

～南信州ブランド構築に向けた水引の研究～

水野　勝之

① 取り組みのテーマ・目的

飯田市は、長野県南部の山間部に位置し、天竜川が流れる渓谷沿いにあります。人口は10万人を超え、長野市、松本市、上田市に次ぐ県内第4位の規模を誇ります。大阪と江戸の中間にあるこの都市は、３００年以上前から日本最大の人形浄瑠璃の町として栄えて、現在も「世界人形劇フェスティバル」が開催され、人形劇の伝統文化を世界に発信している町でもあります。日本アニメーション協会の会長も務められた世界的人形作家・故・川本喜八郎氏の人形美術館もここ飯田市にあります。「日本のチロル」とも呼ばれ、乳製品やリンゴの産地としても有名ですが、飯田市は日本が世界に誇りうる文化都市ともいえます。

飯田市の説明が長くなりましたが、学生たちが注目したのは、リンゴや人形劇ではなく〝水引〟という伝統紙製品です。それは、全国シェア70％を誇る飯田市の特産品です。しかし、近年需要が落ち込み、伝統地場産業を復活させ、地域活性化を図るマーケティングが求められており、そこに学生の若いエネルギーを投下しよう、それが飯田市との地域連携に取り組む学生たちのテーマです。

題して「南信州ブランド構築に向けた水引の研究」。

本題に入る前に、水引について書き留めておきます。水引というのは、細い〝こより〟数本を合せて固めたもので、祝事や弔事の時の包み紙に飾り掛けされるものです。祝事に

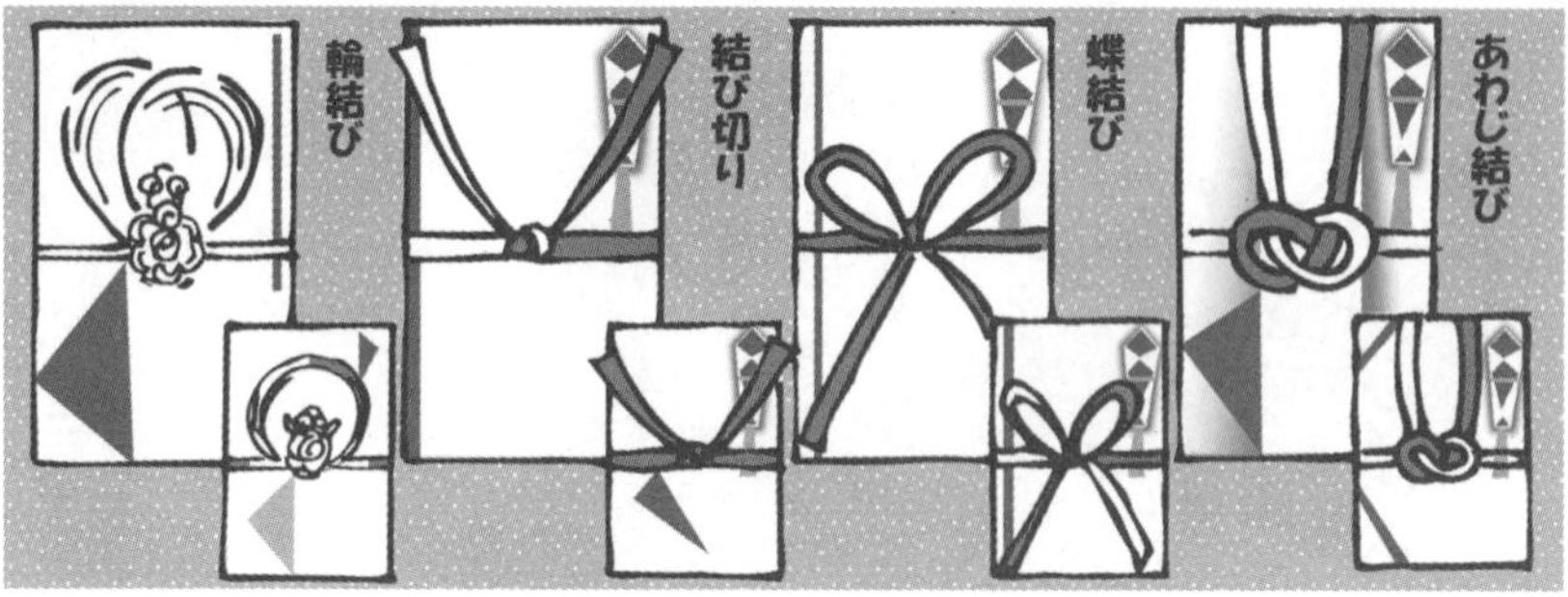

は、赤、白、金、銀の色を使い、弔事には、黒と白の色を使います。材料は、〝みずひきぐさ〟とも呼ばれるタデ科の多年草で各地の林野に生える植物です。前述の〝こより〟というのは、和紙を細長く切り、糸や細い紐のようになった状態の紙の呼び方です。

このくらい説明しないと現代の日本人には〝水引〟が伝わらない、そう危惧せずにはいられないほど、現在、水引の需要は下降しています。需要の減少は、地域の人と人とのつながりの減少、希薄化を証明するものでもあります。大げさにいえば、水引の需要減少は現代の社会問題を内包しています。

学生たちは、水引の研究をテーマに選び、その復活をめざしながら、失われてしまいそうな生活文化の復興を射程に入れた飯田市との地域連携、地域活性化を模索したのです。

21世紀はグローバル社会といわれていますが、実は、現在、欧米で、日本文化の象徴として、この水引がついた贈り物パッケージが注目されています。素材が紙であり、自然との共生文化を示している、それを器用に加工し、美しく仕上げる日本の技術力、これを用いて贈り物をし合う日本の生活文化の、細やかな豊かさ等がリスペクトされているのです。

こうした水引の日本文化を英語で、フランス語で、ドイツ語で、中国語で、体験を交えて、あるいは体験はなくとも、話せる、世界に伝達できる、若い日本人の台頭が求められているのです。

ですから、学生たちが自ら選び、設定したテーマは、グローバル社会を生きる日本の若者にとって最良のテキストです。飯田市が300年継承してきた人形浄瑠璃も世界に誇れる日本文化ですが、飯田市の特産物〝水引〟もそれに勝るとも劣らない、貴重な日本文化なのです。担当教員としては、この取り組みを〝グローバル社会における日本文化実践講

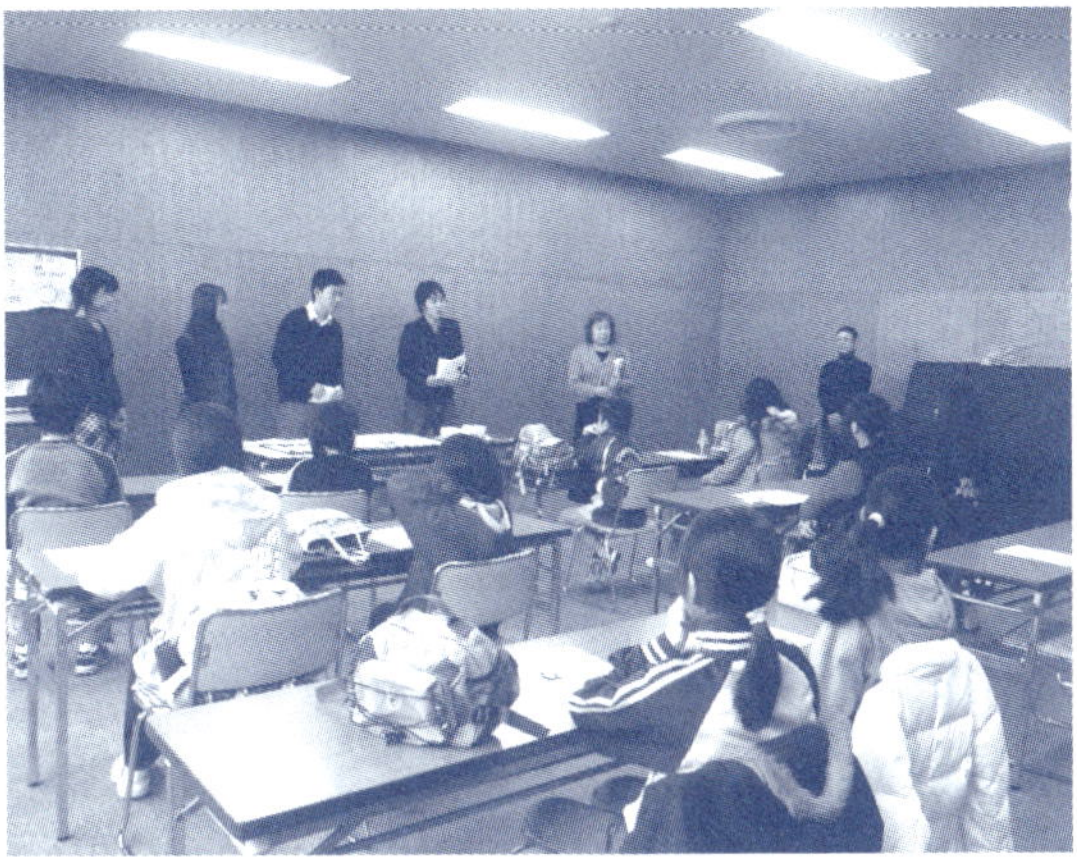

座〃とサブタイトルを付けたいくらいです。学生たちは、いかにそれを実践したのか。以下、それをご報告します。

② 取り組みの経過

学生たちは、まず、飯田市を現地調査しました。歴史や文化の資料を集めると、商学部の学生ですから、どうしても産業、地場産業の資料に目が行きます。水引の生産全国シェアの70％。しかし産業としては需要減少で苦戦している。これだ、これで南信州の10万人都市・飯田市の地域活性化に取り組んでみよう。学生たちのモチベーションは高まりました。

学生の1人が「水引って、オレ、よく知らないンだけど」といったのを受けて、学生たちの取り組み第2段階は、明治大学生105人にアンケートを実施することにしました。

問 水引を知っていますか？
答 はい　39人（37％）　いいえ　66人（63％）
問 水引が伝統文化であることを知っていますか？
答 はい　12人（11％）　いいえ　91人（87％）　無回答2人
問 水引に触れたことはありますか？
答 はい　5人（5％）　いいえ　97人（92％）　無回答3人

このアンケート結果に学生たちは唖然としました。大学生105人のうち、およそ100人が水引に触れたことがない！　ならば、大学生より若い世代、小学生や中学生はさらに知らないのではないか、日本の伝統文化、生活文化としての水引の将来はどうなるのか？　学生たちは、飯田市の飯田水引組合をインタビュー調査しました。

「日常的に触れる機会が少なくなった」「若者の伝統文化に対する意識が低い」

そういう答えが飯田水引組合から返ってきました。このままでは未来がない。

「子供たちを集めて〝水引作り教室〟を開催してみよう」。学生たちの取り組み第3段階はこうして動き始めました。

祝事や弔事のつきあい、暮らしの中での人と人のつながりの減少、そうしたライフスタイルの変化が水引に触れる機会を減少させているのではないか？　〝水引教室〟を開くなら地域や家族とのつながりを考えるイベントにしよう、学生たちは様々な角度から協議して開催を準備しました。

2008年12月13日。会場は、日本で現在、最も若い世代の家庭が多く住み、新しいライフスタイル志向が強い千葉県浦安市の文化会館にしました。ゲスト講師として水引アート作家としてメディアにも取り上げられている梶政華さんをお招きしました。その作品は、ネックレスやアクセサリー類、花や動物といったモチーフの置物など、従来の祝儀袋に使われる水引に独創的な新しい感性と使い方を示されたものです。水引の魅力を再発見しようとする学生たちの取り組みに最高のゲスト講師でした。

当日は、10人の小中学生が水引作り教室に参加しました。丁寧な授業をするのにちょうど良い参加者数です。開催日が12月なのでクリスマスツリーとポインセチアの形状の水引らおうと、紙人形を使って説明を試みました。学生たちは、子供たちに水引について興味を持ってもらおうと、紙人形を使って説明を試みました。その説明はこうです。

「山に生えている草から紙を作り、その紙を細い糸のようにして固めて、それを結ぶ形にして作ったのが、水引というものです。結婚式のお祝いなどに水引で飾られた紙の袋にお祝いのお金を入れてプレゼントするのは、水引の結んだ形が、人と人を結ぶ、人と人がつながる、縁が結ばれる、という意味を現わしています」

水引作り教室そのものが、参加した子供たちと学生たちを〝結ぶ〟空間になりました。できあがったクリスマスツリーやポインセチアの形状の水引は約8㎝程度の小さなものですが、子供たちが、助け合いながら作った貴重な手作りアート作品といえるでしょう。

水引の伝統文化、水引を使う生活文化を子供たちに伝え、減少する飯田市の地場産業である水引の普及発展、地域活性化に役立てたいという、壮大な学生たちの最初の取り組みは、こうして終了しました。

③ 取り組みの成果と課題

長野県飯田市の地域活性化について研究するという授業の課題の中で、学生たちが自ら選んで〝水引〟という伝統工芸品に着目し、その一点に絞って企画を考え、取り組みを展開したことに、担当教員として拍手を送りたいと思います。水引をアピールして飯田市への観光客誘致を図るといった方法もあったかもしれませんが、学生が企画したのは、子供

たちを集めての〝水引作り教室〟の開催でした。子供たちへ日本の伝統的生活文化を伝えたいという長期的ビジョンを選びとったのです。しかも開催地が千葉県浦安市という、現在の日本で最も若い世代が多く、新しいライフスタイルを求める人々が多い都市で、〝伝統文化に注目する〟ともいえるイベントを開催したのです。

こうした学生たちの企画の発展は、日頃の行動のなかで考え、考えながら行動する実践教育の成果でしょう。

世界に知られた車のデザイナーが海外生活を止め、故郷の山形県に帰ってきて地場の伝統民芸品のデザインや商品開発を始めたり、著名な海外の家具デザイナーが日本の地方の漆技術を活用してチェスの駒を作り世界的な話題を集めたりと、各地の地方文化が東京を経由せずに独自にグローバル社会で存在感を示しつつあります。長野県飯田市が誇る〝水引〟も商品としてはささやかな形ですが、内包する文化価値は、限りなく大きなものではないかと思います。

今回、水引に取り組んだ学生たちが、近い将来、グローバル社会を舞台に活躍した時、自らのアイデンティティの根拠として、子供たちと水引作りを体験したことが大きな財産になるだろうと確信しています。

「水引作り教室」の子供の参加者は10名とアンケート集計にしても統計学的裏付けに役立つ規模ではありませんが、伝統文化を継承するように、この取り組みが継承され、回を重ねることで課題の克服になるでしょう。

水引に限らず全国各地の特産品、伝統工芸品が日本人のライフスタイルの変化の中で危機にあるという声も聞きます。問題が大きくなりすぎても困りますが、1つの取り組みと

して今回の学生たちの水引作り教室は貴重な活動だったと考えられます。

④ 学生の声

学生たちは次のように語っています。

「正直、最初は水引って何かわかりませんでした。結婚式のご祝儀袋に付いている飾りと聞いて、ああ、あれかと思い出しました。姉が結婚式を挙げたばかりでしたから。20代、30代で結婚しない人が増えてるし、結婚式も少人数のジミ婚がはやりだし、人口全体も減ってきたし、飯田市がシェアの70％を誇る水引の生産も減少の一途、というのがこの取組みにかかわる最初の感想です。でも逆に、そういう状況を嘆くだけでなく、打開策を企画するというのはエキサイティングで面白い体験でした」

学生は、こうもいっています。

「先生の授業では、よく学んだことを小学生に教えるという体験をします。これが凄く勉強になります。知り方や、学び方があやふやだと小学生に教えることができないので真剣に大学の授業で得たことを自分なりにそしゃくしなければなりません。水引という伝統的生活文化の背景とか作り方とか、日本人ってこんな繊細なものを作りだしたんですね。うまく子供たちに教えられたか自信はありませんが、楽しく作れました。10人は少ないという声もありましたが、10人だから楽しく作れたという面もあります」

グローバル社会を仕事の場にしたいという学生は、こんな風に語りました。

「水引のデザインは人がつながる形、紙の糸を結ぶ形なんですね。私たちは携帯で、メールでつながっているというけど情報とつながっているだけで、本当は人とのつながりが

アメリカ政府が多民族文化を考慮してメリークリスマスという表現を止めて以来、ハッピークリスマスと表現されることが多くなりました。

少なくなっているのかも知れません。メールでハッピークリスマスと打つのは簡単ですが、今度、水引付きのクリスマスカードを作ってアメリカの友だちに送ってみようかと思います。アメリカ人には意外と千代紙も人気がありますけど豪華水引の方がイイですよね。」

4

ポジティブ・シンキングの「鳥取一番学」

～ネガティブ・シンキングからの脱却～

山下 洋史

(1) 地方活性化のためのポジティブ・シンキング

近年、地域活性化、とりわけ東京・大阪・名古屋といった大都市から遠く離れた「地方」の地域活性化（これを「地方活性化」と呼ぶことにします）への関心が高まっています。地方分権化の流れに沿って、地域活性化・地方活性化の取り組みが始まっているのです。明治大学商学部でも、日本商工会議所との包括協定を通じて、「地方活性化」のための取り組みを積極的に展開しています。このように、地方活性化をいかに実現するかは多くの市町村に共通した重要な課題となっているのですが、一方で地方を取り巻く様々な障害から、これが思うように進展しないのも実状です。とりわけ、地方活性化のための取り組みには過疎化・高齢化や産業の停滞等の障害が多いため、大都市圏の地域活性化よりも地方活性化の方が難しいといえるでしょう。

ところで、読者の皆さんは、日本の47都道府県で最も人口の少ない県をご存知ですか？それは、中国地方の日本海側（山陰）に位置する「鳥取県」です。しかも、鳥取県には県庁所在地の鳥取市と、米子市、倉吉市、境港市の4つしか市がありません。すなわち、市の数でも、鳥取県は日本で最も少ない県なのです。このことが、鳥取県に対して「田舎」「遅れている」「不便」等、ネガティブなイメージを植えつけてしまっているように見えます。

鳥取県が日本で最も「進んだ県」あるいは「発展した県」と考える人はほとんどいないでしょう。こうしたイメージを、県外の人だけでなく県内の人も少なからず持っているようです。ここでは、このようなマイナス思考を「ネガティブ・シンキング」と呼ぶことにしましょう。

しかしながら、上記のことは見方を変えれば、「豊かな自然」に包まれ、人々が「伸び伸び」と生活することができる環境にあることを意味します。人口が少なく、工業が発達していない分、豊かな自然が破壊されずに、1人ひとりが十分なスペースを持って暮らせるのです。そこで、こうしたプラス思考を「ポジティブ・シンキング」と呼ぶことにします。ネガティブ・シンキングでは、地方活性化は絶対に進展しません。地方活性化を図る上では、ポジティブ・シンキングが必要なのです。

以下では、この「ポジティブ・シンキング」のスタンスで、鳥取が日本で一番となっている「カレールーの一世帯当たり消費量とらっきょうの生産量」および「梨の一世帯当たり消費量」に注目して「鳥取一番学」の試論を展開してみることにします。

(2)「カレールーの消費量」と「らっきょうの生産量」の鳥取一番学

話の流れと本節のタイトルから、もうすでに推測がついているかと思いますが、鳥取市はカレールーの一世帯当たり消費量が日本一の県庁所在地です。また、鳥取県はらっきょうの生産量も日本一です。鳥取砂丘に象徴される砂地が、らっきょうの生産に適しているのです。総務省の「家計調査都道府県庁所在市別ランキング」によると、鳥取市はこのほかにも、かに、かれい、いわし、梨、すいか、といった地域性を反映した食材や、卵、食

パン、コーヒー、といった意外な食材まで1位となっています。対象となる年度や範囲の取り方によっても多少異なりますが、鳥取は実は「日本一」の宝庫なのです。このことからも、若干ムリがあるようにも思える「鳥取一番学」の背景が浮かび上がるはずです。

話をカレーとらっきょうに戻しましょう。「カレーといえばらっきょう」、「らっきょうといえばカレー」というように、両者は切っても切れない関係にあります。そこで、これらがセットで日本一となっている鳥取は、日本のカレー文化の中核にあるといっても過言ではないでしょう。さらに、カレーは家庭でも外食のお店でも、どちらでも身近に食べられるものなので、地方活性化の起爆剤となりうる料理です。鳥取では、県や商工会議所青年部の鳥取カレー倶楽部（http://www.curry.gr.jp/tottori/）を中心に、カレーによるまちおこしに取り組んでいます。例えば、こうしたまちおこしの一環として「とっとりカレーフォーラム　カレーから見る華麗なる鳥取県」や「全国カレーグランプリin鳥取砂丘」を開催しています。また、「鳥取カレーMAP」や、趣向を凝らした様々なカレールーが作られています。

一方で、鳥取大学との大学間連携を結んでいる明治大学も、これまで学生と教員が一体となって、カレーによる地域活性化の取り組みを横須賀や神保町を舞台に展開してきました。２０１０年６月には、こうしたカレー（とりわけ横須賀のカレー）に関する調査・研究の成果を活かして、鳥取で両大学の連携公開講座『地域活性化と地方活性化～「カレー」による地域活性化と地方活性化のアプローチ～』を開催しました。横須賀のカレーによる地域活性化と鳥取のカレーによる地方活性化の取り組みを比較しながら、鳥取の取り組みにおける問題点とめざすべき方向性を示唆したのです。

この公開講座には、鳥取大学の学生に加えて、県の職員・市民団体・高校生・一般市民が参加して、講義の後にも活発な質疑応答が繰り広げられました。また、地元の新聞社やテレビ局が取材に来ていました。質疑応答の際に驚いたことは、当然「カレールー消費量、日本一」が鳥取の「お国自慢」かと思っていたのにもかかわらず、地元の人たちにとっては「料理の手を抜いていると思われるのではないか」ということから「少し恥ずかしい」、あるいは「あまり積極的にPRしたくない」と考えていることです。大都市では外食で済ませるところを、家でカレーを作って家族団らんでそれを食べることは家庭の温かさを感じる微笑ましい光景のように思えるのですが、鳥取ではこれに対して微妙な感情を持っているようです。これは鳥取の勤勉さ・まじめさを示す1つの県民性なのかもしれませんが、やはりネガティブ・シンキングといわざるをえません。前述のように、ネガティブ・シンキングでは、地方活性化は進展しません。ポジティブ・シンキングで「カレールー消費量とらっきょう生産量、日本一」にもっと誇りを持って、カレーとらっきょうによる地方活性化の取り組みを進めるべきなのです。

このことからも、地方活性化をめざす際のポジティブ・シンキングの重要性が理解されるでしょう。そして、それこそが「鳥取一番学」なのです。

(3)「梨の一世帯当たり消費量」の鳥取一番学

まず「鳥取一番学」ですので、鳥取県が「梨の収穫量日本一」と書きたいところですが、農林水産省ホームページの統計データ2009年度公表資料（http://www.maff.go.jp/j/tokei/kouhyou/sakumotu/sakkyou_kazyu/）によると、梨の収穫量1位は千葉県、

2位が茨城県、3位が福島県で、鳥取県は残念ながら5位となっています。しかしながら、人口の圧倒的に少ない鳥取県ではやむをえないことですので、これを一世帯当たり消費量にしますと、全国の都道府県庁所在市別ランキングで鳥取市が1位となっています。さらに、日本の梨といえば鳥取の「20世紀梨」を連想するくらい、鳥取の「20世紀梨」は日本で最も有名な梨のブランドといってよいでしょう。

ここで、「20世紀梨」を取り上げるのには理由があります。それは、戦後の日本で最も早くから確立した農産物のブランドであるからです。今から100年ほど前の明治時代、すでにロンドンで開かれた日英大博覧会において、東洋の梨として「最高名誉賞」を獲得しています（ただし、20世紀梨が生まれたのが千葉県松戸市であることは「鳥取一番学」としては少し残念です）。お米のブランドで有名な「コシヒカリ」や「ササニシキ」よりもずっと早くから、鳥取の「20世紀梨」は地域ブランドとして確立していたのです。しかも、これが多くの農家の創意工夫・努力や研究者の研究成果から確立されたブランドであることを強調したいと思います。なぜなら、地方活性化のためのアプローチにとって重要な示唆を与えるものではないかと思われるからです。すなわち、地方活性化のためには（もちろん、地域活性化もそうですが）、常に創意工夫・努力と研究が必要なのです。

しかしながら、最近では幸水や豊水など甘みの強い関東（千葉県や茨城県）の赤梨に人気を奪われ、これに鳥取の抱える高齢化や後継者不足といった問題も加わって、栽培面積はピーク時の1／3にまで減ってしまいました。鳥取での20世紀梨の成功が、皮肉なことにその後の品種改良を遅らせてしまったのです。その結果、20世紀梨の競争力が著しく低下してしまいました。ここからも、前述のような創意工夫・努力と研究の必要性が読み取

れると思います。

20世紀梨の特徴は、良くいえば「みずみずしく」「甘すぎず」「上品な味」にあるのですが、それが「水っぽく」「甘みが足りない」といった欠点にもなっています。そのため、甘い関東の幸水や豊水が市場競争力を高める結果となったわけです。しかも、幸水や豊水は、産地の千葉県・茨城県が東京に近く、物流コストや運搬リードタイムの面でも鳥取の20世紀梨よりも有利な立場にあります。これらの要因が複合して、20世紀梨のブランド力が低下してしまったのです。こうしたハンディキャップを、ネガティブ・シンキングでは言い訳の材料にしてしまいがちです。しかしながら、いくら言い訳をしていても競争力が向上することはありません。

このようなことは、企業間競争の場面でもしばしば見受けられます。トップ企業がその高いブランド力に「あぐら」をかいてしまい、改善や改革の努力を怠っているうちに、気がついたら他の企業に追い抜かれ、差をつけられていたということはよくあることです。トップ企業であるからこそ、常にポジティブ・シンキングで改善や改革を繰り返していなければならないのです。その努力を怠っていると、ハングリー精神に満ちあふれた後続企業に追い抜かれる結果を招いてしまいます。残念ながら、鳥取の20世紀梨もこうした道を辿ってしまいました。このようなときこそ、ポジティブ・シンキングによる創意工夫・努力や研究が必要なのです。

それでも、現在では鳥取大学農学部を中心に、20世紀梨の品種改良の研究が進み、再び魅力的な新品種の栽培が進められようとしています。上記のハンディキャップを言い訳にするのではなく、研究と創意工夫・努力でこれを克服しようとしているのです。近い将来、

こうした取り組みが実を結び、鳥取が梨の一世帯当たり消費量のみならず、再び収穫量日本一となる日が来るかもしれません。「鳥取一番学」にとっては、やはり「梨の収穫量日本一」がその中核にあるべき姿なのです。

(4)「鳥取一番学」のまとめと示唆

ここまで、勝手に「鳥取一番学」と名づけて、鳥取の日本一を紹介しながら、ポジティブ・シンキングの必要性について考えてきました。しかしながら、日本一は鳥取のみならず、全国各地にあるはずです。商学部という学部は、このようにそれぞれの地域・地方や企業の持つ特色をポジティブ・シンキングで積極的にアピールする際の効果的なアプローチを研究し、実践するのに最も適した学部です。実際に、明治大学商学部では学生と教員が一体となった地域連携や産学協同を展開しています。そのためのユニークな正規授業科目が「特別テーマ実践科目」なのです。

ここまで、鳥取の人口（日本一少ない）やカレー・らっきょう・梨（日本一多い）に注目しながら述べてきた「鳥取一番学」の示唆を次のように整理して、「鳥取一番学」のまとめとしたいと思います。

① ネガティブ・シンキングでは地方活性化は不可能
② それぞれの地方（地域）や企業の持つ特色を、ポジティブ・シンキングで積極的にアピールすべき
③ 地方活性化には、ポジティブ・シンキングによる絶え間ない創意工夫や研究が必

要

④高いブランド力に「あぐら」をかいていると、すぐに二番手以降に追い抜かれる

⑤トップの地位にあるからこそ、常に改善や改革を繰り返していくことが必要

⑥以上より、それぞれの地方（地域）に存在する「一番」を大切にしながら、ネガティブ・シンキングでなくポジティブ・シンキングの姿勢で地方活性化に取り組むべき

5 千代田区と嬬恋の連携

水野 勝之

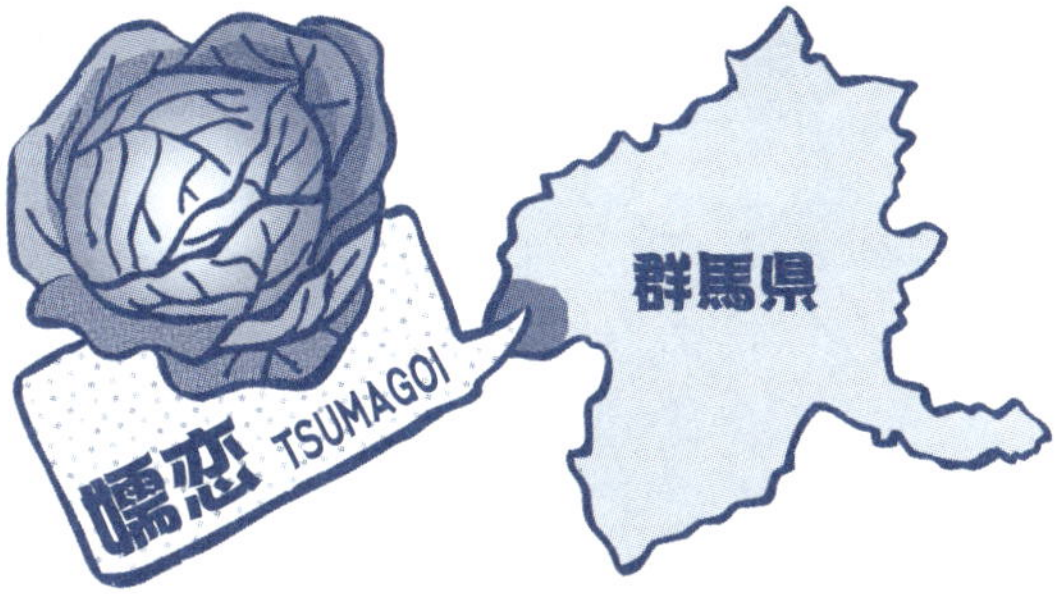

(1) 農業体験ツアー

① 取り組みのテーマ・目的

これは観光農業事業を通じて、群馬県嬬恋村の地域活性化を目的とする取り組みです。嬬恋村との連携事業です。村役場の方から「嬬恋村の地域活性化のために大学生の視点がほしい。ついては水野ゼミナールの学生に研究と解決策の提案をしてほしい」という依頼がありました。嬬恋村は千代田区と連携していますし、学生たちは千代田区と連携して千代田学を実践していましたから、この連携の準備はスムーズに運びました。

嬬恋村は群馬県の標高約1000m前後の高地にあって、キャベツの生産地として知られています。学生たちは現地へ向かい、村役場の政策推進課の方のお話を伺いました。

「地元の人間だけでは特産物を作って売ることとくらいしか思いつきません。観光客も1993年の330万人をピークに減る一方です。グリーンツーリズムは全国で行われていますが、学生が自ら考えた体験ツアー、田舎ツアーはまだ存在しないと思います。そこで皆さんの出番です。大学生の目線で嬬恋村の活性化に取り組んでもらいたいと思います」

学生たちが、村役場（=社会）から与えられた課題を解決する企画を考えて提案し、実行実践し、調査研究して成果を実証する、それが、水野ゼミナールの授業スタイルです。

② **取り組みの経過**

学生たちはまず、現状を分析。2006年4月現在の嬬恋村の人口は10940人。1960年に比べて28・1%減。人数にして4274人減。老年人口割合が1960年は4・7%だったのに2006年は25・3%に増加。これは2000年レベルで他県全国と比較すると群馬県18・1%、全国17・3%に対して嬬恋村は22・0%と高い。老年人口の増加は、嬬恋村の主要産業である農業人口の減少を引き起こし、耕作放棄地が増加する。1975年に耕作放棄地23ha・農家数62戸だったのが、2005年の時点で耕作放棄地86ha・農家数232戸と26・7%も増加してしまった、と学生たちは次々と嬬恋村の現状を調べ上げました。

次は大学生の意識調査の実施です。村役場からの要請は大学生の視点による地域活性化ですから、それは欠かせません。明治大学商学部の3年生74名にアンケート調査をしました。

問 グリーンツーリズムを知っていますか?
答 はい 17 いいえ 57
問 農業体験をしてみたいですか?
答 はい 29 いいえ 45
問 田舎の人とふれあう旅をしたいですか?
答 はい 45 いいえ 29

調査結果を分析した学生たちは企画の方向性を次のように設定しました。

大学生たちは農業体験ツアーへの関心が低いのに、田舎の人とふれあいたいと思っている。ならば、学生たちを嬬恋村に連れて行く農業体験ツアーに地元の方々との交流イベントを加味してみよう。村の高齢者が若い世代とふれあう機会が少ないという問題も同時に解消できる、観光客入り込み数を増やし、地域活性化にも同時に貢献できる企画。こうして取り組みは次第にその形を現わし始めます。そして次は、企画の実行、実施となります。

「農業体験ツアー」1回目は、2006年5月26日、群馬県嬬恋村東部の半出来地区において、キャベツ、ジャガイモ、トウモロコシ、もち米等の苗を植えるという体験に挑戦しました。大学生限定で募集したところ、参加者は11人。うち6人が農業体験は初めてという若者でした。体験実験でもあり、そんなに広くない畑を使わせていただいたのですが、参加した学生は「広い畑でもうクタクタ」と語っていました。お昼は地元の方々が地元食材で作って下さった手料理をご馳走になり、笑顔の交流が実現しました。

「農業体験ツアー」2回目は、目的を〝地元の方々との、より一層の交流・共生を目指す〟こととして同年8月7日に実施し、キャベツとジャガイモの収穫体験をすることができました。お昼は、今度は作ってもらうのではなく、大学生と地元の方とが一緒になって作って食べようと、バーベキュー大会を開催しました。しかし、交流会は平日の昼間であり、季節的に近所の方々は仕事や畑仕事でとても忙しい時期で、残念ながら参加者は大人2人と小学生4人だけという結果になりました。

同年10月に実施された3回目の「農業体験ツアー」では、稲刈りとジャガイモの収穫を体験しました。ちなみに、ジャガイモのことを「馬鈴薯」と呼ぶのは、ここ嬬恋村から始まったといわれています。「収穫したジャガイモを馬の背に乗せて出荷した、馬が歩くと鈴が鳴った」というわけです。

3回目の交流昼食会は大鍋を使った地元料理〝すいとん〟を学生たちと地元の方々との協働で作りました。今度は、地元参加者が小学生6人を含む17人となり、交流の笑い声も一層大きくなりました。

取り組みを体験、経験しながら学生たちは自分たちの企画を修正し、検証しながら、村役場から与えられた課題を解決しようと努力しました。単なるツーリズムではなく、地域活性化のためには地元住民と観光客との交流が欠かせない。それには企画への地元住民の協力・協働が欠かせないことを、学生たちは自ら企画した「嬬恋村・農業体験ツアー」の3回の実学実践の授業の成果として、高原の大地のなかで学んだのでした。

③ 取り組みの成果と課題

本企画は、嬬恋村役場からの委託であり、社会から問題を出され、それに解答しなければならないという研究授業となりました。自ら勝手にテーマを設定するのではない、大学における授業の、1つの新しい形を示す好例かと思います。

しかし、本企画では、参加者が畑や田で農作物を作る体験をできるようにするには、

地元の方の草取りや水やりなどの日常的、かつ最も大変な労働が必要となります。当初はそうした多大なご負担を、地元の方々におかけすることを内心とても危惧していたのですが、体験してみてある発見をしました。それは想定外の成果ともいえます。

それは、耕作放棄地にする予定だった畑を今回の企画にご提供下さった持ち主が、学生たちのために真剣に世話をして下さり、「おかげで元気になりました」といってもらえたことです。こちらとしては迷惑をかけて申し訳ない気持ちだったのですが、この企画は、地元を元気にする起爆剤的な作用をもたらしたのかもしれません。現在、日本の農水産業の就労者の平均年齢は65歳以上ですが、大学生や若者が企画した農業体験ツアー&地元住民との交流会付きツアーが、全国に広がれば、全国の耕作放棄地の再利用を促すことになるかもしれません。今回の学生たちの実験研究は、その可能性を示したといえましょう。

④ 学生の声

学生の声をご紹介します。

「与えられたテーマ、課題は嬬恋村の地域活性化です。観光客を増やすためにグリーンツーリズムを取り入れましたが、当初は農業体験、自然体験を考えました。まだグリーンツーリズムは世間一般には知られていません。都会に住む人々にうまく情報発信できていないし、農業体験をレクチャーする地元住民の参加もまだ本格化していません。今回私たちが3回実施できたのは、村役場の支援、地元の方々の絶大な協力があったからです。そうした中で私たちは気づきました。農業体験・自然体験もさることながら、地元住民との交流会を重視することが地域活性化につながると。途中で企画を軌道修正して良かったと

思います。孀恋村が抱える耕作放棄地の増加、住民の高齢化、観光客の減少などこうした問題を解決する方法の1つは達成できたかなと思っています」

頭で考えた企画が、実践、実体験を積み重ねながら教育研究の現場で、検証・修正され、より高い成果をめざすようになったことはとてもドラマチックな学習でした。プロセスの中で〝気づく〟ということは、与えられた課題をより高度な形で解決するというビジネス、就業に求められる大切な能力です。

体験の中で気づいて企画を修正した今回の学生たちの取り組みは、高い就業力を実証していると考えられます。

⑤ 地元の方々の声

学生たちが企画した「農業体験ツアー」について、地元の方々にアンケートをお願いしました。36世帯に配布して6世帯から回答をいただきました。その一部をご紹介します。

問 孀恋村の活性化に学生が関わることは?
答 良いことだと思う（6）
問 どんな点が良いでしょうか?
答 新しい風が吹く　変わる　賑やかになる
問 続けた方が良いでしょうか?
答 はい（6）
問 学生の活動で何か変わりましたか?

答　数回ではわからない　まだわからない

回収率16％のアンケート調査の一部です。新しいことが始まりそうな予感はしますが、今回の3回の「農業体験ツアー」は、実際の変化まではもたらさなかったという点では、この取り組みはまだ研究の発展途上であるといえるでしょう。学生たちが体験しながら企画を修正したように、回答率16％のアンケートの中にもヒントや今後の方法論が隠れている、かすかに姿をみせている、注意をはらってそれに気づいてほしい、と考えたために、あえてその一部をここに列記いたしました。

(2) IT機器を活用した広域コミュニティ作り

① 取り組みのテーマ・目的

2008年度は嬬恋村のお年寄りと明治大学の学生の交流、相互理解にテレビ会議というIT機器を導入する取り組みに挑戦してみました。テーマは「IT機器を活用しての広域コミュニティ作り」の研究です。何人かが一緒に空間を共にしてコミュニケーションする機器としてテレビを選びました。テーマの骨格を成すのは、山間部地域の高齢者と都会の若者の交流をめざす実験的実践です。送り手も受け手も数人のグループで交流し、楽しく笑い合うような機会を作るコミュニケーション・ツールとして、学生たちはテレビをイメージしたのです。相互コミュニケーション、相互交流、お互いに発信し合い、受信し合うという姿を夢見たのです。1人の老人が1人の若者と会話するのではなく、何人かの高齢者が何人かの若者と会話し合い、その場（いわば教室）を共有し合う、笑い合えるとい

う状況作りは、デジタルネットワーク社会の中でますます重要性を増す、と学生たちは考えたのです。

少々、くどい書き方をしましたが、ここは重要なポイントです。大学におけるゼミナールという教育研究の原型がここにあります。どんなにデジタルネットワークを利用しても教室に集うことの重要性は変わることはないでしょう。学生たちが、ここに気づき、遠隔地交流に数人で関われるテレビ会議を選んだことのポイントは、ここにあります。遠隔地の、しかも異世代間交流をめざしながら、そこに集う数人のヨコのコミュニケーションの形成も視野に入れた方法論を選択したのです。

② 取り組みの経過

テレビ会議の1回目は、2008年8月25日に開催されました。テレビの1台は、明治大学駿河台校舎内の教室に、もう1台は、群馬県嬬恋村の東中学校の教室に設置しました。この日は、嬬恋村老人クラブ連合会の方々との事前協議により「嬬恋村の暮らし全般について」語り合うことになりました。参加は、大学生側が4人、嬬恋村は、老人クラブの会長さん、副会長さんら3人です。対話を簡単に再現します。

学生　嬬恋村の何が好きですか？
嬬恋　緑が多いな。空気が旨いな。
嬬恋　キャベツの生産は日本一だぞ。
学生　キャベツを食べれば長生きできますか？
嬬恋　どうかな？　消化にはいいな。
学生　健康の秘訣は？
嬬恋　そうだな、早寝早起、これだな。
嬬恋　そうだ、それだ。お天道様が昇ったら起きる、沈んだら寝る、これだろう。
嬬恋　その通りだ。学生さんはどうだ？
学生　いや、その、不規則な生活でー。
嬬恋　そりゃダメだな、アハハッ。

と、まあ、こんな感じでありました。キャベツの生産にも苦労が多いことなど経済的問題や料理法まで話は及びました。学生たちは、キャベツが美容や健康に良いことを地元高齢者から聞きだし、それをネタに地域活性化企画を作ろうと考えていたのですが、長寿の秘訣は早寝早起きと聞かされて思惑が外れました。

2回目は、同年9月26日に開かれました。会場は双方とも前回と同じです。嬬恋村の参加者は、今回、観光協会の3名の方々も加わりました。昔は嬬恋村の地域ごとに演劇や演芸の会があって楽しかったこと、住む場所として選ぶなら便利な東京より自然の中で暮らせる嬬恋の方がいい、といった地元の方々の誇りが感じられる対話となりました。

3回目の開催は、同年10月31日。群馬県の山間部にある嬬恋村では10月が終わると雪の季節を迎えます。そんな時期の3回目の対話には、嬬恋村で農業をしながら地域活性化に取り組んでいる女性グループ「おちょんきねっと」の3人の方が参加してくれました。

〝おちょんき〟というのは地元の方言で〝出しゃばって余計なことをする人〟を意味します。皆さん、明るく元気な方ばかり。テレビ会議の対話も学生たちはその迫力に圧倒された様子でした。「キャベツの卵とじ」や「漬物」あるいは「モツ鍋の具」など料理法から関東と関西での好みの違いまで、工夫する生産者ならではの具体的なお話が伺えました。ちなみに関東ではやわらかく甘いキャベツが、関西では固くてボリュームのあるものが好まれるとのこと。問題点としてはキャベツの加工食品の研究がまだ不足していると思うと「おちょんきねっと」の方々は指摘されました。学生の1人は「長く厳しい冬がきても、こんな女性たちがいたら嬬恋村は元気でいられますね」と語っていました。テレビ会議のラストシーンは、次のような嬬恋村のCMでした。

「嬬恋村で作った安心・安全な野菜をお届けしています。自分たちが作り、毎日美味しく食べています。安心・安全の証明です。日本中の皆さんに、どんどん食べていただきたいです!」

③ 取り組みの成果と課題

実を申しますと、今回の嬬恋村とのテレビ会議を開催する前に、学生たちは、お年寄りと交流、対話することをすでに学習体験しています。千代田区の高齢者センター、および千葉県浦安市の高齢者施設「新浦安フォーラム」において、それぞれ入居の方々とテレビ

会議による交流を行ってきました。ですから嬬恋村を含めて、学生たちは3年間で3回、経験したことになります。

課題は、テレビ会議機器を設置し運営するには経費がかかり過ぎることです。嬬恋村まで機器を運ぶだけでも手間とお金を要します。最近ではSkype（スカイプ）やパソコン内蔵カメラを使い安価にテレビ会議ができるようになりましたが、技術的な便利さ、安易さだけでなく、受け手と発信者が相互に入れ替わる個人でない数人の参加と空間の共有が、対話や交流の成否、成果を決定すると思われます。

遠い所を見るというのがテレビジョンの語源ですが、遠く離れた人々がお互いを見る、見合うというのがテレビ会議の効用です。遠隔地との交流、隔たりのある世代間（異世代間）の交流、そして意外と近くて遠い、隣人同士、地域住民同士の交流（教育研究における学生たちの交流を含む）を通して、地域の活性化を図る取り組みとしてテレビ会議を取り入れたのが今回の新しい実験です。経費のかからない形で全国各地に網の目のような、こうしたコミュニケーション回路が構築されるための1つの試みになればと思います。

④ 学生の声

テレビ会議による対話を体験した学生は、こう語っています。

「お年寄りと会話する時は、何をいっているかという言葉だけでなく、その表情や身振り手振りを見ることが重要だと思います。その点、テレビ会議という対話形式はとても良いと思います。遠く離れた人の間で、互いにその仕草や表情を見ながら会話ができますからね」

もう1人の学生は次のようにいっています。

「お互いに顔が見えると、遠くにいる人でも、すごく年齢差がある人でも一応なんていうか、なんか安心できるんです。しゃべるだけの電話とかメールのやり取りでは得られないものを感じます。言葉や文字だけでは味気ないのでメールに絵文字を使ったりして遊ぶけど顔をお互い見ながら話す方が楽しいですよね。ただ、そういう会話をしたがらない若者、会話の相手がいない高齢者が増えてきています。ネット社会はつながっているとよくいわれるけれど、本当につながっているだろうかとも思います。傍に人がいる、お互いに何か会話ができる、そんな体験の積み重ねがテレビ会議の実践の収穫です。働き続けてしわだらけになった手や年輪のような顔のしわ、それに触れるのは難しいことだけれど、そういうことを見ることはできるようになりました」

学生が成長するということは、このようなことではないか、といったら、甘い採点になってしまうでしょうか。

テレビ会議という技術を使って、その前で対話するという作業は、他の、現地で行う地域活性化活動の実践授業と比較したら、一見、楽で簡単そうですが、この実験授業は、実はとても奥が深い授業ではないかと思います。

第4章

国際連携・国際貢献プログラム

Y.Morinaga

M.Nakabayashi

1

水俣病　世界への発信

森永 由紀

水俣病の経緯①

水俣に工場が建てられました。

(1) テーマと目的

九州の不知火海《しらぬいかい》沿岸一帯の漁村で異変が起きたのは、戦後の復興期のことです。魚が海面に浮き、貝が口を開き、鳥が舞い落ち、多くの猫、そして犬や豚が狂い死にしました。原因はチッソ水俣工場の排水中の有機水銀が水俣湾の魚介類に濃縮されたことで、ほどなく魚介類を多食していた漁民とその家族にも有機水銀中毒症が出始めます。水俣病の悲惨さは、科学論文やマスコミの記事による事実の記録だけでなく、文学、映画、写真、演劇、美術ほか、様々な形で語り続けられ、世界にも広くその名が知れ渡りました。環境が汚染されたことによる食物連鎖を通じての集団中毒が水俣病で、このようなプロセスにより人体に被害が出たのは人類初の経験です。

水俣病の公式発見とされるのは１９５６年５月、チッソ附属病院へ入院した、茂道という部落に暮らす２歳と５歳の幼い姉妹の症状を、院長の細川一医師が保健所に届けた時のことです。環境汚染の影響は、生物学的弱者である子供や老人に真っ先に出ます。のちには、母親の胎内で有機水銀に曝露したことで有機水銀中毒の症状をもって生まれた胎児性水俣病患者たちも発見されました。胎盤は毒を通さずに胎児を守るという医学の常識を覆したという意味でも、水俣病は人類初の経験でした。５歳だった姉は８歳で亡くなり、２

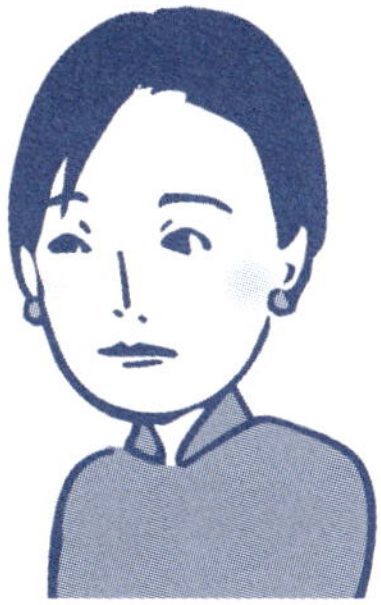

歳だった妹は現在56歳、言葉を発することなく水俣市内の自宅で24時間介護されているといいます。患者の公式発見から半世紀以上たつ水俣が、私たちの教育ＧＰ「水俣病―途上国への発信」の授業のフィールドです。

私が水俣病とつながりを持つようになったのは15年前、明治大学商学部に赴任したのがきっかけでした。将来ビジネスに携わる学生たちに環境問題をどう伝えていけばいいかを模索していた時に、商学部で企業倫理を教えていらした中村瑞穂名誉教授からいただいた水俣病に関する論文に強く心を動かされました。以来、商学部での授業で毎年水俣病を取り上げてきました。企業が第一に取り組むべき環境対策は、植林でもなく、エコマーケティングでもなく、まずは公害を出さない、資源の乱用と乱開発をしない、これらを死守することに尽きると考えるからです。

さらに踏み込んで過去2年は、ＧＰへの参加の機会を得て学生とともに水俣に調査にでかけましたが、きっかけは、気候学的研究のために通うモンゴルで遭遇した出来事です。２００７年、モンゴルで初めて公害問題として広く報じられた事件が、首都から２００㎞北のダルハンオール県ホンゴル郡という小さな町で起きました。たまたま私の調査地に行く途中に町はあります。金の精錬が不法に行われていた現場から水銀とシアン化ナトリウムが流れ出して周辺の土壌・大気・飲料水を汚染し、住民や家畜が被害にあいました。私が２００８年１月に通りかかった時、市役所の前でゲル（モンゴルの遊牧民が暮らす移動式の住居）に死んだ家畜や湿疹に苦しむ子供の写真を貼り付けて、被害を訴えている男性がいました。その後行政により、井戸および土壌の浄化が行われましたが、体調不良や流産・死産が報告されました。住民は皮膚病をはじめ体調の異常を訴え続けましたが、行政

水俣病の経緯 ②

工場からの排液が川へ流され魚たちが死んでいきました。

側はそれを認めず、WHOの実施した環境調査結果から安全宣言を出しました。

驚いたのは、モンゴルでも水俣病について記録されているのと同じような光景を見た時でした。友人のチムゲさん（モンゴル国立大学教授）一家の暮らすウランバートルの小奇麗なアパートのテレビは、遊牧民たちが、大声で被害を訴える様子を映し出していました。マイクを握るレポーターとおぼしき人より遥かにみすぼらしい身なりの彼らは、貧しく無知だから衛生状態が悪く、質の悪い食べ物を食べ、性病のせいで皮膚がぼろぼろなのだとまでいわれ、親戚と縁を切られたりもするらしいとチムゲさんが教えてくれました。ホンゴル郡は乾燥地であるモンゴルの中においては降水に恵まれ、国内でもっとも早く野菜を都市に出荷するようになったことで有名な地域だそうですが、農業に大きなダメージが出たり、近くの食堂が閉店に追い込まれるなどの影響が出たことも、差別を受けていることと関係するようです。

水俣病研究の第一人者である原田正純氏（前熊本学園大学教授）は、公害をめぐる企業や行政の対応、さらに研究者からマスコミ、市民にいたるまで、一定の法則性があるという複数の指摘を著書で紹介しています。水俣の例にあるように、自然環境が汚染されてその影響を受けるのは、誰よりも自然の中に身をゆだねて生きている人々であるという指摘も、ホンゴル郡での出来事に共通しています。今回被害にあった遊牧民たちは昔ながらのやり方で、自分の飼っている家畜の畜産品や小麦と少しの野菜など、多くの場合そこの自然から生み出されるものを食べて生きています。トラックや飛行機で運ばれてきて店に並ぶものなどを食べる機会の多くない、むしろ環境負荷の一番小さいような人々です。そういう人々が、環境に負荷をかけながら利潤を追求する人々の出す毒に侵され苦しみ、その

上、貧しく無知で不衛生だからだとさげすまれます。私はその差別に関する話を聞いた時、一瞬時が止まったような戦慄を覚えました。水俣病が起きた時と、なぜこれほど似ているのでしょう。なぜ同じことが繰り返されるのでしょうか。

２００８年３月にモンゴルを再訪した時、大きな声をあげていた被害者たちは一転これを隠すようになっている、という新聞記事をチムゲさんが見せてくれました。町の内外で冷淡な仕打ちにあったのが理由といいます。首都でハイカラに暮らす人々の目には、被害を訴える人々の姿が急速に豊かになりつつある自分たちの忘れてしまいたい過去の姿とダブるのかもしれません。ひるがえって１９５０年代日本で、都会から離れた水俣の漁民たちの被害を訴える姿を、高度成長の美酒に酔う都市の人々はどう見ていたのだろうか、という思いも浮かびました。

私は三重大学の朴恵淑さん（人文学部教授）を誘い、２００９年８月にホンゴル郡を訪れました。朴さんは、四日市公害から環境問題を学ぶ四日市学を立ち上げ、アジアにおける環境教育のネットワーキングに熱心に取り組んでいます。現場に外国人が行っても門前払いにあうだろうと、前環境省長官のアディヤスレンさん（ＥｃｏＡｓｉａ大学学長）が同行してくれました。市役所内で面会した市長は、公害に関するいきさつを一通り説明し、「被害はわずかにあったが、政権争いに使われて話が大きくなった。選挙が終わると記事がぱったり出なくなったのが、何よりの証拠だ。もう終わったことなので騒いで欲しくない」といいました。

気まずい沈黙の後に市役所を出ると、石段のところで被害者とおぼしき女性が私たちを待っていました。車の中に乗り込み、体中の湿疹を見せ、顔を撮らなければいいから写真

水保病の経緯 ③

そうとは知らず、人々は魚を捕まえ…

を撮るようにといいました。そして、集まってきた他の住民たちも、どれだけこの公害の被害に苦しんでいるかを話してくれました。経済的に豊かな人たちは、引っ越していったというのを聞いて、朴さんが「四日市公害でも同じだった。貧しい人は公害が起きても逃がれられない」とつぶやきました。

私はその被害者女性にかけるべき言葉が見つかりませんでした。チムゲさんが集めておいてくれたホンゴル郡の公害関係の記事のコピーがあったので、「あなたたちのことは新聞記事で読みました」といって見せると、ちょうど彼女のことが取り上げられていて、とても喜ばれたので渡しました。どれだけマスコミにインタビューされても、自分自身が見ることはほとんどないといいます。彼女に、半世紀以上前に日本でも公害が発生し、その時に罪のない被害者たちが差別を受けて、多くの人がいまだに苦しんでいる、ということをやっとの思いで通訳に伝えてもらいました。

郡の役所前にゲルを建て、その周りに写真を貼って、被害を訴えていた男性の消息を聞くと、隣町にゲルごと引っ越して行ったといいます。移動性の高い民族の場合、将来、行政や企業からの補償ということになっても、そこに居住していたという証明はできるのでしょうか。2つの公害の共通点と相違点をそれぞれ検討して、役に立つ教訓があったら伝えていく必要があると感じました。急がなければならないと。

「水俣病　途上国への発信」の講義はここから始まりました。水俣病を学んでそこから教訓を引き出し、現在公害が多発する途上国へ発信するのが目的です。とりあえずは、これまで研究のために2年間滞在したこともあるモンゴルを対象に発信を試みようと思いました。

「これはきっと人のため、社会のために役立つはずだと私は信じている。ただし、誤解してはいけないのは、私たちのやろうとしていることは、他人に『ありがとう』といってもらえたり、喜んでもらえるようなことではないということだ。いや、むしろ誰からも喜ばれないと思った方がいい。人のためになることが、人に感謝されることではないと覚悟しておく必要がある」こんなことを4月の講義紹介ガイダンスで話し、集まってきたのが履修生たち17人です。以下、平成21年度と22年度の前期に実施した講義の内容について紹介します。

(2) 取り組み経過

① 途上国への発信を意識した学び

途上国への発信をするために、自分たち自身が水俣病を知る必要があります。そして、発信する教訓を引き出すためには、発信先の途上国のことを知らねばなりません。途上国への発信を意識しての、水俣病の学びを始めました。前期に準備をし、8月に水俣市で2泊3日の調査を実施し、帰ってから学んだことの発表をするというかたちで講義をすすめました。テキストには、橋本道夫編『水俣病の悲劇を繰り返さないために』（中央法規出版、2000年）を選びました。日本の公害経験の海外への発信は、ＪＩＣＡや㈶水と緑の惑星保全機構をはじめとしたいくつかの組織によって実施されています。また、例えば「アジアと水俣を結ぶ会（事務局長・谷洋一氏）」のようなＮＰＯによる貴重な実践もあります。

ここで確認しなくてはいけないのは、私たちには何ができるのか、つまりは自分たちの「立ち位置」の確認でした。70年代に公害問題が大きく取り上げられた時期、水俣病につ

水俣病の経緯 ④

有機水銀に汚染された魚を食べてしまいます。

いては東京にいてはわからないといわれていました。また、水俣市内外に、今も苦しみ続ける患者が数多くおり、その人たちを支え続ける人たちの気の遠くなるほどの貴重な努力の積み重ねがあります。発生から半世紀以上も経過した今、東京の大学に通う水俣とは何の接点もない学生たちは、どういう立場でこの問題に関わればいいのでしょうか。答えは簡単ではなく、私たちは折に触れてこれを考える必要がでてきました。

発信先としてまずはモンゴルを選びましたが、モンゴルの誰を相手に発信するのか、それを決めるところから始まりました。企業経営者、行政担当者、被害者、地域住民、マスコミ、科学者……。熟考の末、真の意味で国を背負って立つのは学生ではないか、と考えるにいたり、学生から学生への発信をすることに決めました。一見遠回りには見えますが、その国の問題はその国の人にしか解決できないのですから、何よりも着実な伝える方法ではないかと自負しています。

ＪＩＣＡなどの支援は多くの場合、相手国の官僚を通してなされますが、途上国では政治家による腐敗が横行していることもあり、実質的な効果が必ずしも期待できるとは限りません。それに比べて学生ならば、組織のしがらみや腐敗からは離れた所にいることが多いため、私たちの発信したものを将来どこかで役立ててくれるかもしれません。また、公害対策の進め方は国によって大きく異なりますが、当事国の学生ならば現地の事情を詳しく調べることができます。また、公害が発生すると現地の人たちの間では大きな混乱が生じますが、学生なら利害関係も比較的少なく、第三者の視点で物事を判断することが期待できます。

② 実践的学びに力を貸して下さった方々

この講義では、実に多くの方々にお世話になりました。幸い、水俣病は様々な角度から研究されており、学生たちは活発に水俣関係の集まりなどに参加することで、学びを広げていきました。2010年9月に開催された水俣・明治大学展はNPOの水俣フォーラム（理事長：栗原彬名誉教授）によって主催されましたが（来場者約6500人）、その準備のため、春頃から明治大学にて多くの水俣病関連の講座、勉強会、講演会があったことも幸いでした。水俣病研究に関する生き字引のような水俣フォーラムのスタッフの方々、特に実川悠太氏、林勝一氏、服部直明氏には、大変親身に相談に乗っていただきました。

水俣病の原因に一番近いところにいた人たちは、なぜ水俣病が広がるのを止められなかったのか？ NHKのドキュメンタリー『チッソ・水俣　工場技術者たちの告白』は、それを知るためにチッソ水俣工場内部の技術者たちの証言を丹念に検証しながら記録した貴重な作品です。カメラの前で証言する技術者たちの言葉や表情を見ていると、よくこのようなインタビューを行うことができたと驚かされる迫力が伝わってきます。この番組を作成されたNHKエグゼクティブプロデューサーの北川恵氏をお招きして、初年度は大学院教養デザイン研究科の講演会でお話していただき、次年度は教室でレクチャーを受けました。水俣病発生当時の時代背景や、どうすれば私たちでも関係者から心のうちを聞けるのかなどを伺っていると、時間があっという間に過ぎました。インタビューは自分の聞きたいことを質問するよりも、ひたすら耳を傾けて、相手の話したいことを全て話してもらうことが大事だと教えていただきました。水俣での現地調査において実行にうつすのはとてもむずかしかったのですが、みんなで必死に相手の話を聞こうと努めました。

水俣病の経緯 ⑤

汚染された魚を食べた人間は苦しみだし、

モンゴルからは教室にゲストをお迎えし、作成中の発信資料を英語で発表してコメントをいただき、モンゴルの公害の状況を教えていただきました。初年度はモンゴル国立大学から経済学部教授のチムゲさんと学部1年生のエネレルさん（国際関係専攻）が教室に来て下さいました。チムゲさんが「このテーマは私たちの国にとって大変重要なので、もっと知りたい」といって下さったことで、みんな勇気づけられました。エネレルさんは、「こんなに豊かな日本で、まだ昔の公害が解決していないなんて、信じられない。今、水俣はどうなっているの？」と述べ、誰もがはっとしたこの問いに答えることが、私たちのその後の課題となっていきます。

次年度はモンゴル環境省の気象水文研究所研究員のゴンボさんが来て下さいました。モンゴルの各地で急速に鉱山開発が進行し、環境汚染が懸念されていることを示す地図を見せていただきました。

学内の院生にもアドバイスをもらいました。水俣病をテーマに博士論文に取り組み、現地に長期滞在をする文学研究科の野澤淳史さんには、いっそ水俣市全体を先進的な福祉都市にすればいいのでは、という考えを伺いました。製薬会社を退職して教養デザイン研究科に学ぶ堀込和利さんには初年度に本講義のTeaching Assistantを務めていただき、アセトアルデヒドの生成過程でいかに有機水銀ができるか、といった専門的な知識のみならず、企業の技術者の立場や、組織のなかでの意思決定のされ方などについても教えていただきました。次年度のTeaching Assistantの坂井俊祐さん（商学研究科の院生）は、足尾銅山の鉱害との比較を話してくれました。

本講義の外部評価員は、ホンゴル郡の公害現場に共に足を運んで下さった朴さんにお願

いしました。９月のＧＰ成果発表会では学生たちを熱く叱咤激励してモチベーションを高めて下さり、平成22年10月の生物多様性条約会議時には併設会場での三重大学主催のシンポジウムで、学生たちにポスターによる発信の機会を与えて下さりました。朴さんが指摘して下さったのは、やはり自分たちの「立ち位置」の確認の重要性でした。東京の大学に通う、水俣とは何の接点もない学生たちは、どういう立場でこの問題に関わればいいのか。企業の側に偏ることなく、患者さんの側に偏ることなく、地元の側に偏ることなく、あくまでも中立で第三者としてこの問題を学び、発信に関わるべきであることを忘れてはいけない、ということでした。

海辺の生物を観察

③ 現地調査

現地調査では、両年とも熊本空港から水俣入りし、鹿児島空港から帰ることで、水俣病の発生現場である不知火海をほぼ北から南まで見ることを試みました。学生が出した希望をもとに行き先をアレンジして下さったのは、平成21年８月３日―５日は相思社の弘津敏男さんで、平成22年８月10日―12日は環不知火プランニングの吉永利夫さんです。お二人とも、患者さんを支えるために長く活動をされてきた方々なので、そのお話自体が、とても刺激的でした。幅広い角度から学べるように配慮しつつ、個性的な訪問先を手配し、案内して下さったのがありがたかったです。

水俣は公害を学ぶために訪れることのできる場所です。資料館、患者さんとの触れ合いの場、チッソの工場見学、エコ・タウンとして生まれ変わった様子も、汚染の現場も、埋立地も、水俣病なんてもうこりごりだ！　と話してくれる定食屋さんまでもあり、人々が

水俣病の経緯 ⑥

有機水銀中毒になった赤ちゃんも生まれました。

公害という負の遺産と戦う姿をあますことなく見せてくれます。これは、発生直後の公害を隠そうとする現場では望めないことです。部外者が公害の現場を訪れることは住民にとっては様々な痛みを伴うであろうと察するだけに、与えてもらった機会が無駄にならないように学ばなくてはという気持ちになります。

④ 伝えなくてはならないこと

水俣病を勉強して私たち自身が衝撃を受けたことこそ、一番伝えなくてはいけないと感じたことでした。

1．高度成長下の日本で、チッソの企業城下町の水俣市で、人々がこぞって公害隠しに走り被害が深刻化しただけでなく、いまだに正確な被害者数が把握できていない。
↓いかに公害が隠されてしまうか、いかに初期対応が重要か。

2．水俣駅の真正面にチッソ工場がある。液晶のシェアで世界一を誇り「技術のチッソ」は健在である。B to B（business to business）でないために表には出ないが、チッソの技術は今も当時も日本を支えている。↓人は技術とどうつきあうべきか、企業内の技術者の倫理的責務がいかに重いか。

半世紀以上前に起きた水俣病がなぜ解決しないのか？モンゴルの大学1年生エネレルさんの問いへの答えを調べていくうちに、隠された公害は、その魔物のような全容をまだ現そうとしていないことを知りました。「解決して忘れ去ってはいけない」（北川氏）や、「未解決の解決を負うべき」（高峰氏）、というような指摘にふれるうちに、解決を急ぐことが、

猫実験に使われた小屋（水俣資料館にて）

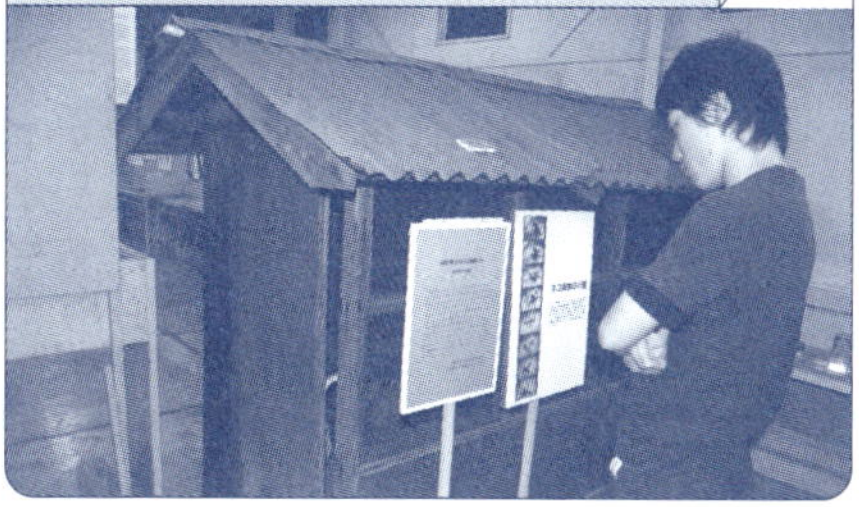

水俣病を過去のものとして片づける、あるいは葬り去る危険があることに気づきました。一方、「教訓」を引き出すなんて傲慢ではないか、あるいは、本当の教訓が何だかわかっているのか、という厳しい指摘もありました。

調べるほどに、知るほどに、解決の困難さにつきあたりました。それによって、だからこそ、公害の悲劇を繰り返してはいけない、ということを強く確信しました。なぜ発信しなくてはならないのか、その意味を再確認したことこそがこれまでの講義の成果といえるでしょう。学んだことは、1年目はGPの成果発表会やオープンキャンパスでの発表で、2年目はそれらに加えて明治大学で行われた水俣・明治大学展の併設企画での口頭発表、名古屋で行われた生物多様性条約第10回締約国会議の交流フェアの三重大学主催のシンポジウムでポスター発表も行ったほか、明治大学商学部のシンポジウムにも参加するなど、複数の発表の機会を得て、発信に備えることができました。

各種発表の機会をいただくたびに、発信用のコンテンツを改良してきましたが、授業の目的に定めた学生から学生への発信を行うまでにはまだ至っていません。今後は、学内外の留学生と、公害対策や、あるべき開発の姿について議論を重ねていく予定です。同じ教室で机を並べる途上国の留学生に、先進国で育ってきた学生たちが水俣病の教訓をどこまで伝えることができるかが、これから試されます。さらには途上国にある協定校の学生も対象に発信を実現していきたいです。

(3) 成果

公害は場所によって様々な様相を示しますが、普遍化できる部分もあります。かつての

排水は止められず患者さんの数は増え、

水俣のように、魚介類を多食して激甚な水銀中毒を発症するというのは、世界中でそうそう起きることではないかもしれません。現在世界でみられるのは、ほとんどがより軽微な水銀中毒です。それらは厳しすぎる日本の認定基準を用いると水俣病と認められない程度ですが、多発し、長期化すると深刻な問題につながります。一方、発生した公害への対応の遅れが被害を深刻化させるメカニズムなどには、水俣病と他地域で発生している公害との共通性は少なくありません。よって水俣病から得られる教訓を、⑴公害への対応としての水俣病の教訓と、⑵水銀汚染としての水俣病の教訓、の2つに分けて発信することにしました。以下は⑴について、生物多様性条約第10回締約国会議（COP10）で発信するために作成した、「水俣病の10の教訓」です。

水俣病から学ぶ10の教訓

Lessons learnt from Minamata disease

1. 公害を隠さない

水俣市は企業城下町である。水俣市の税収の6割が公害原因企業チッソからのものであり、市の人口の大多数がチッソに従事していたため、水俣病発生時には街をあげて人々が事実を隠そうとした（1959年当時）。企業城下町という特性が、原因解明を遅らせた。隠したことが汚染の拡大を招き、被害の全容解明が困難となった。

2. 公害を発生させた企業の責任は想像以上に重い

成長のために公害の発生は仕方がないという考えは誤りだ。公害を引き起こせば、賠償金や汚染処理にかかる費用が莫大になる上に、社会的信用も大きく失う。チッソ

は、巨万の富を手にしながらも自らが起こした公害で破産し、国から融資を受けねばならなかった。チッソは莫大な補償金を支払い続けるために、今後も操業し続けねばならない。また、公害を起こしたという事実は反永久的に残り続ける。

3．迅速な疫学調査の必要性

公害によって地域が汚染されたことが明らかである場合、または可能性が疑われる場合は、行政は地域で徹底的な疫学調査を行わなければならない。水俣湾周辺地域ではいまだに被害者の数が把握できていない。汚染の実態と健康への被害、そして被害者数を正確に確認することは、被害の拡大の防止と救済につながる。疫学調査が不可能な場合には、地域住民がへその緒や毛髪を保存しておけばそれらが汚染状態を示す証拠となりえる。また汚染地域での居住証明などの保存も重要である。

4．被害認定は行政側から網羅的に実施する

行政によって公害の被害者を認定する場合には、被害者本人からの被害者認定申請を待つのではなく、行政の側から被害者の認定を推奨していく姿勢が求められる。ただし、申請するかどうかの最終的な判断は、患者に任せられるべきである。なぜならば被害者本人は自らすすんで申請できないことが多い。被害者認定を申請した患者は補償金を貰う。すると周りから「金目当て」と呼ばれた、という事例がある。このように自己申告制の認定制度にはデメリットが多く、本来補償されるべき患者が補償されないという事態に陥ってしまうほか、その後の地域コミュニティにも大きな痕跡を残してしまう。

5. 症状の程度に関わらず被害者を救済する

公害による健康被害の症状は多種多様で重症、軽症の場合があるが、公害が発生した場合には、その地域に住むすべての住民に何らかの健康被害があると考え、もれなく被害者を救済するべきである。患者を線引きすることは難しいが、水俣では今でも患者全員が救われていない。実際1995年6月時点で水俣病を申請した人は13316人で認定された患者は2949人だった。だが実際にはもっと多くの潜在患者がいると考えられている。

6. 科学的不確実性を理由に問題を先延ばししない

一般的に公害発生のメカニズムの解明は容易ではない。チッソは科学的根拠の不確実性を理由に対策を先延ばしにすることで被害を拡大させてしまった。科学を絶対視する姿勢は公害の対策、救済を遅らせる要因となる。故にどのような場合も科学は絶対視してはいけない。但し人命にかかわる場合は、予防原則に則り対策を講じる必要がある。

7. 病名に地名をつけない

水俣病という名前の由来は水俣市から来ている。しかし、この名称は水俣地方特有の風土病・伝染病・遺伝病だと誤解されることが多かったため、外部の人から差別されるようになり商業・観光業に大きな損害をもたらした。また水俣出身者に対して就職差別や結婚差別があり、このことで水俣病患者と健康な市民の対立を引き起こす遠因となった。さらに病名変更運動もおこり、被害者たちが傷つく結果となった。これらのことからも、被害者そして地元住民を差別や偏見から守るために地方の名称を病

名にしないことを私たちは提案する。

8．被害者への差別をしてはならない

地域が公害によって汚染されると、そこの自然環境や食物に依存する人に健康被害が出る。水俣にはいくつもの差別が存在した。当初は奇病として差別され、次に暮らしの貧しさから差別され、認定されれば金銭を理由に差別された。差別を受けた被害者は心身ともに傷つき、コミュニティーは引き裂かれてしまう。そしてそれは直接関係のない後世にも影響が残ることが多く、解決が一層困難になってしまう。差別を防ぐためにも行政や自治体は常に正しい病気の情報を公開し説明を行うことが必要である。

9．救済のためには支援者や伝える人の存在が不可欠

水俣病事件に関しては、事件の当事者である企業、被害者、県、市は何ら有効な対策を見出すことが出来なかった。企業城下町には、行政や住民がその問題に取り組みにくいという特徴がある。そのため利害関係にとらわれにくい外部の第三者が解決に果たす役割は重要である。実際、外部の支援者たちのおかげで水俣病問題を巡る行政、企業の対応は大きく進展した。日本の水俣病問題は未だ解決していないが、今まで被害者側の意見が認められて来た背景には支援者の大きな力が存在した。公害問題解決には外部からの支援者の存在が不可欠である。

10．対象地域の環境のモニタリングは継続的に実施する

公害を一度処理しても、汚染物質が時間の経過とともに再び漏洩する可能性は否定できない。公害防止事業によって地域が浄化されても、慎重なモニタリングを継続

水俣病の経緯 ⑧

水俣の現実から背を向けて、人々は忘れようとしていました。

的に行い公害の再発防止に努める必要がある。

最後になりましたが、講義を応援して下さった多くの皆様に、心より感謝を申し上げます。どうもありがとうございました。

(4) 水俣市の調査で出会った人や場所に関する学生たちの感想

チッソ水俣工場　チッソというと水俣病の加害企業というイメージだけが強かったのですが、戦前、戦後、そして今も日本の成長を牽引するような先進的な化学工場でした。2010年現在、液晶のシェアは世界一で、技術のチッソは今も健在です。最近のノーベル化学賞の対象となった研究にもチッソの技術は貢献しています。アセトアルデヒドの生成過程で流れ出た有機水銀が水俣病を発生させましたが、国や県、産業界、科学者・医者、そして企業城下町であった水俣市がこぞって水俣病を隠し、被害を深刻化させてしまった背景には、地域の、そしてわが国の成長と深く関わっていたという事情もありました。科学技術と社会の関わりという視点でこの問題を考え出すと、水俣病は豊かな社会に生きる私たちとも深い関わりがあるのだということが見えてきて驚きます。

語り部の生駒秀夫さん　貧しい漁村で育ち、特に発病後はひどい差別を受けていたそうです。しかし、とても明るい方で力強く自分の体験を話して下さいました。「こんな体なのに、チッソの子会社に就職できて嬉しかった。」といわれたことに対して、「チ

ッソを怨んではいなかったのですか?」と私たちが尋ねたら、「これは生きていくためには仕方ないことだ」とおっしゃったことがすごく印象的でした。自分の苦しい経験を伝えて、行き詰まった人たちに活力を与えたいということでした。

語り部の吉永利己子さん　水俣病の公式確認の1957年当時、チッソの従業員だった父親は附属病院に入院しており、ほどなく亡くなりました。色川大吉氏の「水俣の啓示」（筑摩書房）を読むまで、水俣病のことも、自分の父親が何で亡くなったかも知らなかったそうです。保健所から理由を告げられずに猫を預けられたこともあったそうです。チッソには水俣病が終わったこととせずに、従業員にももっと水俣病のことを伝えて水俣市民のあいだで自由に水俣病について語れる雰囲気作りに力を貸して欲しい、とおっしゃっていました。

ほたるの家　谷洋一さん（水俣病互助会事務局）　水俣病だけでなく、インドのボパールの事故などの被害者支援にも力を尽くしてこられました。水俣病に関しては、初期に、重度の患者しか救済の対象にしなかったことが大きな失敗だったと語られました。アジアに水俣病を伝える時には、ヘソの緒を、母体の汚染の科学的根拠として保存するようにすすめているということだったので、モンゴルからみえたゴンボさんにこの話をすると、モンゴルにも一部だが、ヘソの緒を保存する習慣があるということでした。

エコボ（エコロジーボトル）水俣　エコタウン水俣の象徴ともいえるボトルのリサイクル工場です。エネルギッシュな田中商店の田中利和さんにお話を伺っていて、強い刺激を受けた一部の学生たちは、明治大学でもリターナブル瓶の導入ができないか、

水俣病の経緯 ⑨
しかし、今、多くの人が向き合うべきだと気づき始めています。

学内の売店である明大マートの協力を得て、試験的に試みを始めました。

ほっとはうす（通所授産施設）　水俣病の被害者の方々が体験を聞かせて下さるプログラムに参加しました。胎児性水俣病患者の松永さん等です。松永さんは１９６３年生まれの方で、母親の胎内で有機水銀に曝露されました。チッソの排水が奇病の原因だと明るみに出た１９５９年時点に排水が止まっていれば被害を受けることはありませんでした。排水は１９６７年まで流され続けました。胎児性水俣病患者さんたちも高齢化し、親御さんのことも心配されていました。患者への補償、病気や施設の手当てを厚くしてほしいということを願っていらっしゃいました。

国立水俣病研究センター　水俣病に関する科学の集大成がここに集められています。海外からの水銀調査の依頼があれば、研究員が調査に出向きます。日本の海外への援助としてはまことに望ましいかたちではないかと思いました。水銀分析のエキスパートである松山明人研究員が海外での活動などを説明をして下さったのですが、明治大学農学部のＯＢということも大変嬉しかったです。

熊本日日新聞　高峰武編集長　東京から水俣を学びによく来てくれた、といって迎えて下さいました。東京では入手できなかったような資料を準備して下さり、発信の材料として活用させていただきました。水俣病の解決とは何か、という質問をいきなり投げかけた私たちに、「未解決の解決を負うべきではないか」という重い答えを下さいました。また、この問題を多数が幸せになるために、少数が目をつぶることを強いられたというように表現されていました。

青年会議所の前理事長と現理事長　水俣の若い人たちに会いたい、という私たちの要

慰霊碑

●正面●

●裏面●

望に答えて、青年会議所の方々が話を聞かせて下さいました。一度市外に出てから、Uターンして戻られた方々で、水俣市をどう盛り上げていけばいいかを真剣に考えていらっしゃいました。地方出身の学生たちに向けて、自分の故郷に戻って就職する気持ちはあるか？ など、逆にいろいろ質問もされ、地方の活性化というどこにも共通にある問題を水俣市も抱えているということに気づかされました。

水俣市役所　宮本勝彬市長　あろうことか、という言葉しか浮かびませんが、2003年、水俣川の上流の水源近くに、産業廃棄物の一時処分所の建設計画が持ち上がりました。反対派として立候補して選ばれたのが、宮本勝彬市長です。これまでさんざん苦しんだのに、さらに汚染を押し付けられるのかと、住民が立ち上がり、業者は建設を断念します。一致団結したことで、水俣病によって分断されていた住民が1つになれたという面もあったようです。現在の水俣市ではゴミの23分別など、先進的な環境対策に取り組み、環境先進都市にも選ばれています。

埋立地　左は慰霊碑の正面からの写真です。そして、右はその裏です。慰霊碑に名前を載せられないので、亡くなられた方の名前を書いて金庫にしまっているそうです。こうしたところからも伺えるように、まだ水俣病が水俣市民に広く受け入れられているとはいえません。今なお水俣病は隠されているのです。また、裁判も終わっておらず、申請者数はウナギ登りに増加しています。

そしてこの埋立地に立った私たちの足元には、かつて水俣湾に張られていた仕切り網内で採られたたくさんの魚介類がドラム缶に詰められ、ヘドロと一緒に埋まっています。多くの御霊のためにと、付近には、お地蔵様がいくつも立てられていました。

水俣病の被害は、ピラミッドの上から、一握りの認定患者、申請患者、潜在患者、コミュニティ、そして生態系、にまで及んでいることを私たちは知らねばならないのです。

参考文献

(1) 橋本道夫編集『水俣病の悲劇を繰り返さないために』中央法規、2000年。

(2) NHK取材班『NHKスペシャル 戦後50年 その時日本は（第3巻）チッソ・水俣工場技術者たちの告白』日本放送出版協会、1995年。

(3) 西村肇・岡本達明『水俣病の科学（増補版）』日本評論社、2006年。

(4) 原田正純『水俣病』岩波新書、1972年。

(5) 井芹道一『Minamataに学ぶ海外 水銀削減』成文堂、2008年。

(6) 朴恵淑ほか『四日市学 未来を開く環境学へ』風媒社、2005年。

(7) 原田正純『水俣病が映す世界』日本評論社、1989年。

(8) Joint UNEP/OCHA Environment Unit（2007）: Sodium cyanide and mercury pollution and mining related environmental emergencies in Mongolia, Fact-finding mission, Switzerland, p.11.

(9) 中村瑞穂独占分析研究会「経営分析―チッソ株式会社（上・下）」『経済』92号、93号、新日本出版社、1971年12月、1972年1月、222-235頁、210-231頁。

学生の声

「知る」ことよりも「感じる」ことが大切

▼若林 利成（商学部1年）

私たちの授業、特別テーマ実践科目では水俣の教訓の途上国への発信を目標に活動しています。主な発信対象は途上国の将来を背負う大学生です。どうして日本で昔に起きた出来事を途上国に発信するのでしょうか。それは経済成長を優先している途上国で、かつての水俣と類似したような公害やそれへの対応が起きているからです。

水俣病は公害に巻き込まれた人々の現実が強調されていますが、発生時の企業、国、県、一部の水俣市住民の対応には気になるものがあります。4者は水銀の垂れ流しよりも、工場排水停止による経済的損失を恐れていたのです。こんなことは現在では信じられません。しかし経済成長によって貧困問題、人口問題を解決できると信じられている途上国において、水銀は環境汚染物質としてではなく、様々な用途に使用できる安価な希少資源として多用されているのです。持続可能な経済成長が21世紀の課題であるならば、環境を汚染し、人の健康を害する公害を発生させての経済成長はあってはなりません。

公害を起こした企業は莫大なコストを負担することになります。チッソを例にあげれば、毎年30億円もの賠償額を支払っているのです。チッソは昔も現在も高い技術力を誇る大企業として顕在です。事業の柱は液晶部門。驚くべきことにドイツのメルク社を抜いて液晶材料のシェア世界一なのです。最近では液晶技術とクラゲ発光の2人の研究者がノーベル賞を受賞しましたが、その共同研究者の中にはチッソの技術者も名を連ねています。私たちの生活から見ればテレビや携帯電話の画面にはチッソの液晶技術が不可欠であり、またレジ袋や食品各種の梱包袋、光ファイバー、合成皮革などにもチッソの技術が用いられているのです。このようにチッソは確固たる技術を有する企業として利益を得ているため毎年の巨額の賠償支払いが可能なのです。チッソという大企業がこれからも生き残り、公害を起こしたことによってどれだけの負担を背負うことになったかを伝えることは、環境を顧みない成長をしている国や企業にとって物言わぬ大きな圧力となるはずです。これからのチッソは、教訓発信の主体となりうる存在かもしれません。

現在水俣病の原因物質である水銀が世界各地を汚染しています。国連環境計画は水銀条約締結に向けて動いていいます。しかし、世界が水銀規制をはじめている中、日本は海外に莫大な量の水銀を輸出し、自ら公害の輸出国となっています。一番悲惨な水銀公害を起こした日本が、水銀輸出国なのです。途上国では水銀の恐ろしさよりも、それが産み出す経済的価値に重きを置いています。水銀という物質は、液体で電気を通す性質を持つ唯一の金属のため、多くの産業活動と工業製品に不可欠でした。しかし、水銀の有毒性に着目した先

●宮本勝彬水俣市長（右）と筆者（左）●

進各国は、水銀をできる限り使わないようにしようと行動してきました。一方で経済発展を優先する途上国では、安価で便利な水銀が多用され、環境を汚染し、人への健康被害が報告されています。

しかし、日本以外のカナダやブラジルなどの各国で報告された水銀中毒被害者は水俣病としては扱われません。それは日本が水銀中毒被害者の中でも、特に重症な人しか水俣病と認定しないからです。各国は水銀公害が発生すれば、必ず日本の水俣を手本に対処しようとするのです。悲しいことに日本程の重症患者が報告されない各国では、被害者を日本の水俣病と同じだと認めないのです。

現在世界が懸念している水銀問題はかつての日本の水俣病のような重症患者ではなく、水銀の微量汚染と曝露による胎児への学習障害や記憶障害に伴うＩＱの低下などです。フェロー諸島やニュージーランドなど魚を多食する地域での研究では胎児への影響が僅かですが確認されました。ＷＨＯは各国政府に魚食摂取目安量を勧告し、日本の厚生労働省など各省や各種政府機関も魚食摂取目安量を公表し、妊婦に対し知らせるようになりました。魚食による栄養源は極めて豊富で

すが、魚介類が水銀を蓄積しやすく、他の食品に比べて水銀を多く含んでいます。海洋資源国日本に住む私たちは、そのことを常に念頭におかなくてはいけません。かつて水銀によって一番悲惨な公害を起こしたのが日本です。日本は水俣から多くのことを学ぶことができました。海外も水俣の教訓から多くのものを学び、現在の動きにつながっているのです。

公害問題を理解し、繰り返さないためには、「知る」ことよりも「感じる」ことが極めて大切です。人間は身近に問題を感じることができて初めて行動できるのです。かつて水俣病が発生したとき、解決に向けて国や企業と戦った外部の方の存在がありました。彼らは水俣の現地に行き、その悲惨さを感じ、被害者と共に戦ったのです。公害は知るだけでは意味がありません。実際に現地に行き、何かを感じる、活動することが大切なのです。

水俣市は現在環境指定都市に認定され、明るい未来に向かって歩んでいます。それが可能となったのも地域の行政と住民の懸命な努力があったからです。水俣市を訪ねることによって公害の深刻さだけではなく、水俣で働き、住んでいる方と触れ合うことができます。見事に公害から立ち直った水俣をみれば、現在の様々な環境問題の明るい未来が期待できる気がします。とはいえ水俣は過去の問題ではありません。国内を見ただけでも認定されない被害者が数多く存在し、解決していません。また途上国の公害発生とその対処を見れば、かつての水俣病発生時の行政・企業・住民の隠ぺい行為と対応の遅れに共通問題が見られます。現在の世界の状況を知れば水俣が過去の話などとはいえないのです。

公害先進国であり、公害対策先進国でもある日本に住む私たちは、同じ過ちを繰り返そうとしている途上国に何をどのように伝えればいいのか。地球市民が全員一緒になって真の発展をし、昨日よりもより良い明日が来るとみんなが考えられる未来が来るために、水俣の教訓を伝えなければいけません。水俣の教訓がかつてアメリカや北欧諸国などの先進各国を動かしたように、これからは途上国を動かすことができるように私たちは活動していきたいです。

参考文献

(1) 永松俊雄『チッソ支援の政策学 政府金融支援措置

の軌跡』成文堂、2007年。
(2) 宇井純『公害の政治学』三省堂、1968年。
(3) 井芹道一編『Minamataに学ぶ海外　水銀削減』成文堂、2008年。
(4) あん・まくどなるど、磯貝浩 写真と文と訳、アサヒビール『カナダの元祖・森人たち』清水弘文堂書房、2004年。
(5) 原田正純『金と水銀』講談社、2002年。

外部評価員の声

「水俣病」を未来への正の財産にかえる

▼朴 恵淑氏（三重大学学長補佐・人文学部教授）

日本の高度経済成長期の負の遺産である4大公害の中でも、公害被害の甚大さや悲劇において、日本のみならず世界を戦慄させた「水俣病」について、森永教授は、単に過去の悲劇を穿るのではなく、途上国へその教訓を活かすことで、未来への正の財産にかえるチャレンジ的な授業を行っています。

授業の運営方法も実に堅実で、まず、学生に「水俣病」について徹底的に調べさせ、次に、現場へ行って関係者へのヒアリングおよび調査を行い、さらに、内外の専門家を招いた場において発表を行うなど、実践的環境教育のあり方のモデル的授業を仕上げられています。

「水俣病」については、これまでに地元の熊本大学や熊本学園大学の原田正純先生を中心として行われ、「水俣学」として学問横断的な研究および、語り部などによる環境教育においても大きな成果をあげています。それだけに、地元でない東京の明治大学において「水俣病」の授業を行うには、普遍的な内容に加え、独創的授業を組み立てる必要があります。

しかし、当該授業は、世界的な資源国としてこれからの経済発展に伴う環境破壊が最も懸念されるアジアの途上国、特にモンゴルを対象地域とし、モンゴルの専門家を招聘して、途上国の環境問題に対する知見を深めると同時に、「水俣病」の教訓をいかにして、モンゴルの経済と環境との均衡を保った持続発展社会形成に役立てるかについて、動き出しています。大学のゼミ（授業）は、学期完結（セメスタ制）によって、継続して行うことが極めて難しいのですが、明治大学の教育GPを活かした「特別テーマ実践科目」に加わることで、継続的、かつ、発展的授業を行うことができたと思います。

学生の発表について、受講者全員がそれぞれテーマを決めて発表を行うことで、専門性を帯びた発表ができています。なお、英語での発表を加えることで、途上国とのコミュニケーションを図る努力もすでに試みています。

このような試みは、2010年10月に愛知・名古屋で開催された、国連生物多様性条約第10回締約国会議（COP10）において、三重大学が企画した「COP10 in 三重」に当該授業の履修生が加わり、同年10月18日に開催された「COP10交流フェアー」において、アジア・太平洋地域からの9ヵ国33大学からの大学生と共に、「アジア・太平洋ユース生物多様性保全宣言文」の作成や採択に中心的な役割を果たしました。その様子は、主要メディア（朝日新聞、読売新聞、毎日新聞、NHK、三重テレビなど）を通じて、広く知られました。また、会場にて、「水俣病―途上国への発信」のコーナーを設け、内外の参加者へのアピールを行いました。

今後の発展のための課題を1つあげたいと思います。水俣市は過去の水俣病のまちのイメージを変えるべくエコタウンを掲げ、多種類に分けた分別ゴミ政策を行っています。学生の、水俣市のゴミ分別は素晴らしい仕組みであるとの発表が気になりました。ゴミの分別を行う前に、3R活動（ゴミ減量、再使用、リサイクル）の徹底化によってゴミを出さないことが先決であり、出されたゴミをいくら細かく分別しても、ゴミはゴミとして処分されるだけであることを、水俣市へ発信し、環境政策の改善を促して欲しいと思います。

総括として、森永教授の担当授業である「水俣病―途上国への発信」のテーマ実践科目は、実にすばらしい授業であるとの称賛と共に、今後、モンゴルを含む途上国の環境改善に本テーマ科目から育まれたノウハウや環境人材が主役となることを期待したいと思います。

2 ラテンアメリカの開発支援とボランティア

中林 真理子

(1) 本科目が開設されるまでの道のり

① 全てはニューヨークでの在外研究期間中の出会いだった

「新規開講の特別テーマ実践科目の募集」―2008年10月、アメリカ ニューヨークのグランド・ゼロに臨む研究室で、そのメールを受け取りました。地域・産学連携による学外ネットワークをフル活用したテーマ実践科目を設置できる、ということは、当時ずっと考えていたことを実現できる機会が来たのかも知れない……私は即座にワシントンD.C.在住の米州開発銀行の六浦吾朗氏（現在は、商学部特別招聘教授を兼務）に科目立ち上げについて相談するメールを送りました。これをきっかけに、アメリカ大陸と日本を結ぶ一大プロジェクトが本格的に動き始めました。

② 北米から南米へ～英語圏以外の世界のはじまり～

2008年3月から1年間、私は明治大学長期在外研究員としてニューヨークのセントジョンズ大学で過ごしました。9月にはリーマンショック、11月には初の黒人大統領であるオバマ大統領の誕生などをマンハッタンで体感できた

ことは私の一生の財産です。

ところで、前ページの写真は大統領選挙当日の投票所への道順を示す貼り紙です。上から、「投票所」を示す英語、スペイン語、中国語、韓国語ですが、これはまさに当時のマンハッタンの状況を象徴する表示です。アメリカ合衆国でスペイン語を話す人々は主にラテンアメリカ出身の人々ですが、そのプレゼンスが日に日に大きくなり、スペイン語が公用語である英語に負けず劣らず重要な言語となっています。日本では「外国語＝英語」のイメージがいまだに強いのですが、世界でスペイン語を母国語とする人は3億2千万人から4億人、第二外国語としている人を含めれば5億人に達するといわれます。スペイン語を公用語とする国はラテンアメリカ諸国を中心に21カ国あります（http://www.ethnologue.com/show_language.asp?code=spa）。

長期在外研究員として自分の専門分野の研究をさらに深化させながら、同時に「学生に英語圏以外の世界の存在も知ってほしい」という想いは日に日に強まっていました。その第一歩として、ラテンアメリカの社会経済を垣間見てもらうために、国際金融開発機関である米州開発銀行（Inter-American Development Bank http://www.iadb.org/）のワシントンD.C.本部への学生訪問を2008年9月に実行しました。この訪問の直後でしたので、活動をさらに発展させる形で、2009年度に特別テーマ実践科目C「ラテンアメリカの開発支援とボランティア」を立ち上げることを決心しました。

そして、最初の交流国としてブラジルを選びました。その理由は、簡単にいえば、ブラジルはラテンアメリカの中心的存在であると同時に、実は日本との関係が非常に深い国だからです。

コラム①

●リベルタージ

ブラジルは南米大陸の約47%を占め、日本の約22.5倍の国土（世界第5位）に約1億9,400万人（2009年推計人口で世界第5位）が暮らしています。2008年度の名目GDPは1兆6,125億ドルで世界第8位です（World Bank, *World Development Indicators Database*）。日本からブラジルへの移民は1908年に始まり、100周年を迎えた2008年は日本ブラジル交流年とされました。ブラジルは現在では約150万人の日系ブラジル人を擁する世界最大の日系人居住地です。また、ブラジルの在留邦人は約6万人、在日ブラジル人は約32万人です。その他、第二次世界大戦前には、ペルー、チリ、アルゼンチン、ボリビア、パラグアイ等のラテンアメリカ諸国への移民も盛んに行われていました。

③ 日本とブラジルを結ぶもの

ＢＲＩＣｓとは、ブラジル（Brazil）、ロシア（Russia）、インド（India）、中国（China）の4カ国の頭文字を並べたもので、台頭する新興大国を意味する造語です。近年日本でもＢＲＩＣｓへの関心が高まっていますが、「ブラジルは地理的に遠い」という理由から、他の3カ国に比べ関係が薄いという印象があります。しかし、ブラジル日本商工会議所編『現代ブラジル事典』新評論、2005年によると、移民や近年の「デカセギ」などに見られる人的つながり、外交関係、貿易と投資を通じた経済関係、政府開発援助（ＯＤＡ）による経済・技術協力、文化交流など様々な分野で深い関係を持っていることが指摘されています。（以下では、ブラジルを中心としたラテンアメリカに関する情報も主に同書に依拠しています。）

このうち、本科目では特に開発支援の分野に注目しています。なぜなら厳しい格差社会が存在するラテンアメリカにおいて開発支援が特に必要だからです。わが国ではこれまではアジアやアフリカの開発支援のみが注目され、近年発展著しいラテンアメリカの実情はあまり紹介されてきませんでした。だからこそ、「知らなかった世界」の存在を開発支援の分野から学生に実感してもらうことにしました。

日本からのブラジルに対する政府ベースの経済・技術協力は、ラテンアメリカの中では大きな割合を占め、ブラジル経済・社会開発に多大な貢献

をしてきました。しかし、2000年代に入ると中国はじめ他国の活動が盛んになり、ブラジルにおける日本のプレゼンスは低下しています。長期にわたる交流の歴史がありながら、それを活かさず関係が薄れていくことは由々しき事態です。

このような日本のプレゼンスの低下を招いた原因の1つとして、近年、「顔の見える支援」を行ってこなかったことが少なからず関係していると考えられます。そこで、本科目では、現状を打破すべく、まずは日本の大学生が「顔の見える存在」として関係を深めるためには何ができるのか考えました。具体的には、ビデオカンファレンスを中心とした交流により学生が知らなかった世界の存在を知り相互理解を深め、最終的には、ボランティアとして貢献することで開発支援の一翼を担えれば、日本とラテンアメリカ双方の利益となるはずです。

(2) ラテンアメリカの開発支援とボランティアをめぐるキーワード

① ラテンアメリカの特徴

ところで、ラテンアメリカとはどのような世界なのでしょうか。いくつかのキーワードから説明してみます。

a 近くて遠い世界

ラテンアメリカに関しては、音楽、料理、観光といった一部の分野で日本人には認識が高いようですが、実際にラテンアメリカを訪れる人はごく少数で、ラテンアメリカの

社会経済に対する理解度はまだまだ限定的です。しかしながらラテンアメリカの人々の感性は個人主義が主流の欧米的なものではなく、家族主義的で人情にも厚く、その点では日本人のそれとかなり近いものがあります。日本の戦後の急速な経済発展に敬意を払う国々が多く、また歴史的にみて日系人を通じた交流が盛んな国が多いことが特徴です。

b 深刻化する格差社会

マクロ経済的には持続的な経済成長を継続しているラテンアメリカ諸国ではありますが、経済的・社会的格差は殆ど解消されていません。貧富の格差が世界でもっとも激しい地域で、一国の貧困格差を示すジニ係数も世界的に見て高水準です。近年の急成長の陰で、貧困に苦しむ低所得者層が多数存在することを表しています。だからこそ、開発支援が必要とされています。

c その他

ラテンアメリカ諸国は先住民族を含む多民族が共存する、複雑な社会問題を抱えた国々です。政治体制は右派から左派まで激変しています。市場が開放されたのはここ20～30年のことですが、金

国際開発金融機関の体系図

国際開発金融機関

- 世銀・IMF年次総会総務演説
- 国際通貨基金（IMF）
- 世界銀行（IBRD）、世銀・IMF合同開発委員会
- 米州開発銀行（IDB）
- アジア開発銀行（ADB）
- 欧州復興開発銀行（EBRD）
- アフリカ開発銀行（AfDB）

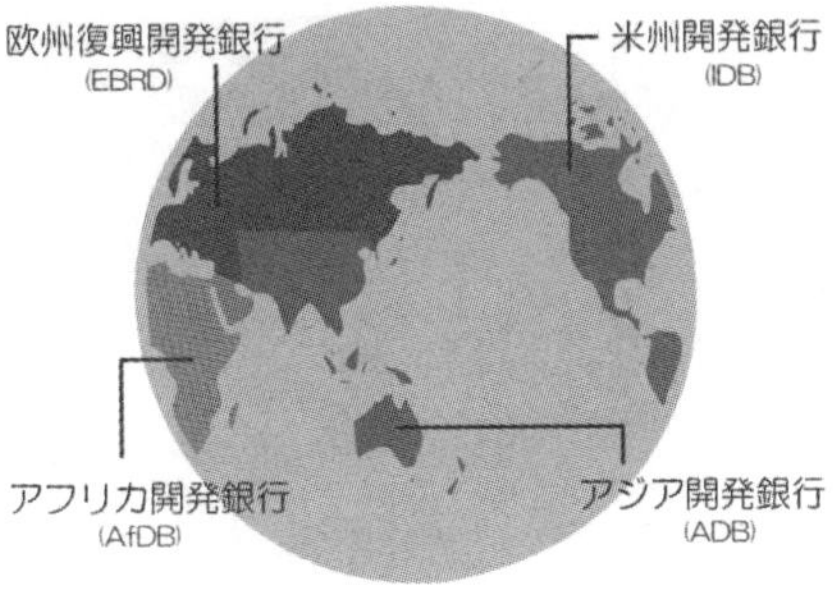

融危機・債務問題が繰り返されています。薬物・交通インフラ・環境・治安・防災など、様々な社会問題が深刻化し、経済・社会・技術・教育などの分野での格差問題が拡大しています。このように、ラテンアメリカ諸国には日本人の目から見れば驚かされる多くの特徴があります。

② 開発支援と資金供与について～国際開発金融機関を中心に～

ラテンアメリカの多くの国は発展途上国です。日本をはじめとした先進国では、開発途上国に対して、社会・経済の開発を支援するため、政府、国際機関、NGO、民間企業など様々な組織や団体が経済協力を行っています。本科目では、このうちの国際機関、特に国際開発金融機関の活動に注目しています。国際開発金融機関は様々な有償・無償支援プログラムを通じて受益国の持続的な経済発展を支援しています。特に無償技術供与事業は融資プログラムを補完するのみならず、幅広い形での受益国に対する技術移転に貢献しています。また昨今は貧困削減の為にNGOと連携して最終受益者に直接インパクトをもたらす技術供与事業も積極的に行われています。なお、技術供与に関する情報は、外務省やJICAのウェブサイトからも入手できます。

ところで、国際開発金融機関は全世界をカバーしている世界銀行やIMFなどの機関と、アジア、ラテンアメリカ、アフリカ等の特定の地域に焦点を絞った国際機関に大別されます。本科目では、後者であり、ラテンアメリカ地域経済活性化のために貢献している米州開発銀行の活動に注目しています。また同

行以外の活動についても、日本のODAで大きな役割を果たしているJICAや民間の助成財団である日本財団からもゲストをお迎えして情報提供をお願いし、開発支援に対する理解を深めています。

③ ボランティアとしての協力

本科目の受講生である明治大学商学部の学生がどのような形で開発支援の現場に関与していくか、それは大きな問題です。そして、たどり着いた目標がボランティアとしての貢献です。文部科学省 生涯学習審議会「今後の社会の動向に対応した生涯学習の振興方策について（答申）」（平成4年8月3日）によると、「ボランティア活動とは、個人の自由意思に基づき、その技能や時間等を進んで提供し、社会に貢献することであり、ボランティア活動の基本的理念は、自発（自由意思）性、無償（無給）性、公共（公益）性、先駆（開発、発展）性にあるとする考え方が現在では一般的」とされます（http://www.mext.go.jp/b_menu/hakusho/nc/t19920803001/t19920803001.html）。

理工系の学生や国際協力を専攻する学生がラテンアメリカ諸国で行うボランティア活動であれば、すでに実績がある体系の中での活動となるでしょう。しかし商学を学んでいる学生のボランティア活動となると、先駆性があり、その可能性は無限に広がるように感じます。具体的には、現地の人と交流し、実際にボランティア活動に参加しながら、ラテンアメリカについての理解を深め、最終的には、商学の知識を活かして様々な開発支援のプロジェクトの企画立案を実践していくことこそが、商学を学ぶ学生ならではの活動になると考え、実際に活動を始めました。

ボランティア活動への参加というと、非常に格式ばったものを想像しがちです。しかし、例えば日本人が他国の人に折り紙の折り方を教えてあげることからでも活動は始められます。実際、私はこうやってブラジルで活動を始めました。しかし、相手のニーズがわからなければ真に必要なボランティア活動はできません。このようなことから、まずはラテンアメリカについて理解することが何よりも重要といえます。

(3) 全てが未知の取り組み、新たな形の国際交流のモデル作り進行中

本科目の特徴

a　多様なゲスト

本科目を実践する上で、私は完全にコーディネーターの立場をとっています。そして必要な情報を提供可能な専門家をゲストに迎え、レクチャーをお願いしてきました。初年度である２００９年度には、国際開発機構（ＪＩＣＡ）理事、元ＪＩＣＡ青年海外協力隊員（商学部ＯＧ）、ベネズエラ特命全権大使、など多彩なゲストをお迎えしました。この他、５月には来日中のブラジルのサンパウロ市長であるジウベルト カサビ氏をお迎えし、受講生以外の学生も含めた特別講演会を開催することができました。様々な人種で構成された市長の随行員一行に学生たちは相当驚かされた様子でした（http://www.meiji.ac.jp/shogaku/mieruka/topics/topics6.html）。

また、教室を飛び出し、学生たちがＪＩＣＡの研修センター（ＪＩＣＡ東京）に出向き、来日中のＪＩＣＡ研修員（南米地域人口統計実務分析）の皆さんと

交流会を実施しました。学生にとってこれが初めてラテンアメリカの人々と直接交流する機会となりました。中でも、研修員の皆さんから「日本は国勢調査を実施できるだけの環境が整った国なのでその技術を学びに来た」という話を伺ったことで、日本人にとって今では当然の国勢調査の実施は、世界的にはそうではないということを学びました。

2年目にあたる2010年度の前期にも、日系人留学生、日本財団関係者、米州開発銀行アジア事務所長といったゲストをお迎えしました。授業開始2週目に実施した日系人留学生との交流は、日本人学生と日系人留学生の双方にとって画期的な出来事で、この出会いがその後の授業の進行に弾みをつけることになったようです。なお、この様子は日本財団ブログマガジンでも紹介されました（http://blog.canpan.info/koho/archive/1060）。

以下、学生の当日の感想を抜粋して紹介します。全文は後述するミエ・ログ!!で閲覧可能です。

・今回の講義で、日系人は見た目は日本人なのに全く日本語のしゃべれない人、また逆に見た目は日本人ではないのに日本語しか話せない人もいるんだな、と改めて知りました。
・白人と先住民のハーフというところまで位置づけがされているのには驚きました。
・日系人の方とお話できてよかったです。将来は故郷に戻って、農村部の開発をすると聞いて、すごいなぁと思いました。

・オリンピックやリオのカーニバルといった華やかなイメージ、先日のハイチやチリの大地震、植民地であったという歴史的事実。普通に生活していたらわたしもこのような表面的なことしか知らないままだったと思います。実際は自然災害も多く、貧富の差や人種差別が激しいという側面を持っていること。…中略…まだまだこれらのことはほんの一部で、これから勉強していくのが本当に楽しみになりました。

b　キーパーソン・六浦氏

本科目はラテンアメリカ諸国を舞台に展開しています。そしてキーパーソンの1人である六浦特別招聘教授はアメリカ合衆国在住です。この地理的ギャップを埋めるため導入したのがSkype（スカイプ）を用いた授業です。

ラテンアメリカの開発支援の最前線で活動する人は多数いますが、日本の教育現場で実情をリアルタイムで伝えてくださる方にはめったにお目にかかれません。2009年度は六浦氏の来日時に授業を実施し、学生が最も求めているのはこういう「ナマの声」であることを実感しました。そこで2010年度から商学部特別招聘教授を兼務する六浦氏に、Skypeを用いたアメリカからの授業により、臨場感あふれる講義を実施していただいています。Skype授業を実践する上で大きな障壁になるのは時差の問題です。現在は日本の午前中とアメリカ東海岸の深夜を結んでの実施となっていますが、この苦労を知ることも、学生のグローバル化に大いに役立っていると思います。

コラム②

FAAP（Fundacao Armando Alvares Penteado）大学。1961年に設立され、Visual Art Schoolが大学に発展しました。７学部（Arts, Business, Communication, Computer Science, Economics, Engineering, Law）学生数約13000人の私立大学です。2010年４月に明治大学の海外協定校になりました。

c 「ミエ・ログ‼」による双方向授業

Skype授業では学生の反応が十分には伝わらないことが問題になりますが、「ミエ・ログ‼」を活用することで相当程度対応できています。

受講生は授業のあと、毎回感想を書きこむことになっています。その他、ビデオカンファレンスに必要な資料をアップロードし共有する、教員からの授業進行に関係する連絡を書き込む、といった活用をしています（http://mieruka.meiji.jp/2010/support2010/）。

d ビデオカンファレンス（videoconference）

本科目の最大の特徴といえるのが、ビデオカンファレンスによる日本とラテンアメリカの大学生の交流です。明治大学商学部ではこれまで嬬恋村など、国内各地と結んだビデオカンファレンスを数多く行ってきました。ここで得た実績をもとに、２００８年にはニューヨーク在住明大ＯＢ・ＯＧと初の国際間ビデオカンファレンスを行いました。このような実績を踏まえ、本科目では授業にビデオカンファレンスを組み込みました。

・第１回ビデオカンファレンス（２００９年6月27日）

夏の夜の東京と冬の早朝のブラジル・サンパウロを結び、明大生とサンパウロの名門私大ＦＡＡＰの学生の間でビデオカンファレンスを実施しました。全く交流経験のない両国の学生同士の交流を少しでもスムーズにするため、まずは４つのテーマを設定しました（「日本の戦後の急速な経済成長の秘密」「ブラジルの経済成長の要因」「日本とブラジルの若い世代の人生観」「日本とブラジルの若い世代の恋愛観」）。そして日本とブラジルの学生が

それぞれのテーマごとにチームを組み、相手方の国の同テーマの学生チームとemailで質問を交換し合い、さらに、自己紹介のビデオレターなども送り、カンファレンス当日を迎えました。

当日は慣れない英語と通信事情による聞き取り難さはありましたが、日本とブラジルの学生が協力し合い、大きなトラブルもなくカンファレンスは進行しました。最初は戸惑っていた学生たちでしたが、カンファレンスが近づくにつれ積極的になってきました。質問や回答をわかりやすくするためスケッチブック持参でイラストを交えて説明する明大生グループもあり、最後はこの貴重な機会を楽しみ、同時にさまざま反省点を自覚し、今後の課題を見出したようです（http://www.meiji.ac.jp/shogaku/mieruka/topics/topics11.html）。

・第2回ビデオカンファレンス（2010年5月19日）

前年に引き続き第2回目となったFAAPとのビデオカンファレンスは、THE RELATIONSHIP BETWEEN BRAZIL AND JAPAN: PRESENT AND FUTUREという統一テーマで実施されました。4つのサブテーマ（culture, economy, sports, social life）を設定し、日本とブラジルの学生がそれぞれのテーマごとにチームを組み、相手方の国の同テーマの学生チームと事前に質問を交換し合った上でカンファレンスに臨みました。

2012年のサッカーワールドカップと2016年のオリンピックを控えたブラジルについて、日本の学生からは治安に関する質問が、ブラジルの学生からは日本の過去開催の経験についての質問が出ました。それに対し、日本側の受講生の1人である中国人留学生から、北京オリンピックの経験に関するコメントが出たり、と時機のあった有意義な交流となりました。また、ブラジルの学生の多くが、原宿のことを良く知っていたり、と日本の学生にとっては思いもよらない展開の、エキサイティングな90分となりました。

　このような素晴らしい異文化体験をした学生たちからミエ・ログ!!にいろいろなコメントが寄せられ、このような直接交流が異文化を理解し尊重する上で欠かせない経験になったことがうかがえます（http://www.meiji.ac.jp/shogaku/mieruka/topics/topics28.html）。

・第3回ビデオカンファレンス（2010年11月29日実施）

　第2回ビデオカンファレンス終了後、本科目の受講生たちに第3回カンファレンスの実施方法について意見を聞きました。彼らにとっては自身2度目のビデオカンファレンスとなるので、前回の反省を踏まえたより発展したカンファレンスにしたいという気持ちが強いようです。そして、ほぼ全員から返ってきた共通の答えは「単なる質疑応答ではなく、ブラジルの学生とディスカッションがしたい」、「文化の違いについて話したい」ということでした。このため現在、授業内で六浦特別招聘教授を相手に、英語でのディベートの特訓中です。

　また、ブラジルの学生にも同様に意見をきくべく、中林と六浦特別招聘教授が2010年10月にサンパウロを訪問した際に、FAAPの教員・学生と座談

会を実施しました。これまでのビデオカンファレンスに参加経験のある学生たち（OB・OGを含む）が積極的な意見を出してくれて、さらに話題は明治大学とFAAPの今後の提携のあり方にも及び、予定時間を大幅に上回る活発な会になりました。以下、座談会でブラジルの学生から出された意見をいくつか紹介します。

・明大生からの「話しやすくするため、専門的でないテーマでdiscussionをしたい」という要請に対しては、おおむね賛成である。一般的なテーマからはじめて、その後専門的議論に移行することが望ましい。一般的なテーマとしては、例えば「サンパウロの公害問題」などが考えられる。
・ビデオカンファレンス当日までに両国の学生が関係を深めていく方法としては、①Facebookの利用、②最初はemail、その後Skypeで交流する、といったことが考えられるが、最終的には、ビデオカンファレンス一度きりでなく、1セメスター通して交流することが重要である。

座談会終了後は、リベルダージの居酒屋に繰り出し、焼き魚などの和食を堪能しながら大いに盛り上がりました。
そして11月29日に無事にビデオカンファレンスが実施されました。今回は努力の甲斐あって、とてもなごやかなカンファレンスとなりました。当日の模様は明治大学商学部ホームページでご覧下さい（http://www.meiji.ac.jp/shogaku/mieruka/topics/topics31.html）。

⑷ まとめと今後の展望

2010年度は、前期と後期の通年にわたる科目に拡大しましたが、本書が出版される頃には、2年目の活動成果は出そろっているはずです。明治大学商学部ホームページやミエ・ログ‼で是非確認してみてください。これらの活動により、学生が主体的にラテンアメリカにおける経済・開発支援のあり方および日本とのリンケージについて考える能力を高め、将来日本とラテンアメリカの国際交流に積極的に貢献できる人材を育成していくことをめざしています。現在は、ラテンアメリカ諸国でボランティアを実践するというフィールドワーク実現に向けて、学生のコミュニケーション能力を高めている段階です。

発展著しいラテンアメリカ諸国は、今後は日本にとってのビジネスパートナーとしての側面も強まっていくことでしょう。商学部でこのような科目を展開することが、日本とラテンアメリカが共存共栄していくために役立つことを願って止みません。

学生の声

まずは行動を起こしてみよう！

▼瀧口 雄太（商学部2年）

特別テーマ実践科目とは、一体どんな授業なのでしょうか。一言でいえば、〝新しいスタイル〟の授業といえます。では、まずこの授業がどのような点で新しいのかを説明していきたいと思います。一言でいえばその科目名の通り、〝実践〟ができる授業であるという点です。例えば、私たちの授業では、「ラテンアメリカの開発支援とボランティア」というテーマで学習をしています。普段の授業の中では、一般的な講義のスタイルに加え、ビデオカンファレンスシステムを使ったブラジルの学生とのディスカッションなど〝実践〟の場も与えられています。

上記を踏まえ、私から1つだけ伝えたいことがあります。それは特別テーマ実践科目に限らず、大学生活のほとんどの環境は〝キッカケ〟、〝機会〟を与えられているに過ぎないということです。つまり、その環境を生かすも殺すも私たち次第ということがいえます。では、学生は何をすればいいのでしょうか。答えは明快です。まず、行動を起こしてみてください。では、ここで行動を起こしてみた人の成長パターンを図化してみましょう。行動→経験→吸収→興味→経験→目標。少し抽象的なので、説明を加えます。一度、勇気を持って起こした行動には必ず得るものがあります。何かを吸収し、経験を積み重ねていくうちに自分の興味があることが見えてきます。そしてまた次の経験を生み、目標を定めるキッカケになります。経験という言葉が2回出てきますが、2回目の経験は1回目と比べ、より濃いモノを得られます。私は1つの行動として、いろいろな方に個人的にお会いしました。例えば、授業の中で国際機関のアジア事務所長が講義をして下さる機会がありました。私は、講義を聞く中で、開発援助

の第一線かつそのトップでいらっしゃる方にぜひもう一度お話を伺いたいと思いました。そこで、同所長にお願いをし、後日面談をしていただきました。その後、様々な講演会や講義に参加する中で、気になった点は個人的に伺うようになりました。現時点では明確とはいえないですが、自分が本当にやりたいことあるいはそれに向けて、今後自分がめざすべき目標が徐々に見えてきました。

ぜひ大学生活という貴重な時間を充実させるためにもまず、行動を起こしてみて下さい。学生団体を立ち上げることや起業することはもちろん大きな行動ですが、サークルに入ってみる、あるいは飲み会の幹事をやってみるといった些細なことも立派な経験です。サークルに入れば、色々な友達ができ、たくさんの価値感に触れることができます。飲み会の幹事を経験すれば、企画する人の大変さに気づき、参加する立場の時の見方も変わってきます。

大学生活には、机上の勉強を越えた様々な体験のできる環境がたくさんあります。その1つの選択肢として、特別テーマ実践科目という授業が用意されています。まずは、目の前の機会に挑戦してみること。それが先に述べた環境を生かすことなのだと実感しています。

キーパーソンズ（特別招聘教授）の声

日本とラテンアメリカの「架け橋」

▼六浦 吾朗 氏（米州開発銀行・明治大学商学部特別招聘教授）

ラテンアメリカの特色をあえて一言でいうならば「宝石箱をひっくり返したような世界」がもっとも当てはまると思います。いわば異なった輝きを持ったいろいろな形の宝物がごっちゃになった世界、即ち先住民と世界中から集まってきた移民との共存、そして異なる伝統・文化が共栄していて、我々の常識を遥かに超えた独特の世界を形成している地域がラテンアメリカです。

1つの国の中で様々な言語が飛び交い、いろいろな生活スタイルや習慣が隣り合わせになっているラテンアメリカでは、個人個人が違っていて、それが当たり前として受け入れられています。そして様々なルーツを持った人々が自分のアイデンティティを自覚し、独自のライフスタイルを模索しながら、夢を持ち、人生を前向きに生きています。例えば、ブラジルの学校では、クラスの中には先住民の生徒もいれば日系、ドイツ系、イタリア系、さらに、アフリカ系、ユダヤ系、アラブ系等といった様々な人種の子供たちが一緒に勉強していますが、それは当たりまえのことなので、特に差別も対立もありません。ただ、彼らの民族的アイデンティティが消えてしまうようなこともありません。それぞれの民族的組織があり、各々の伝統や習慣を守ろうとする行事や活動が活発に行われています。

このように個性と多様性のパワーが満ちあふれる自由闊達な世界ですが、一方では我々の想像を遥かに超えた貧困・格差が存在する厳しい社会でもあります。例えばブラジルのリオデジャネイロは世界有数の観光地で有名ですが、イパネマやコパカバーナといった美しい海岸を望む裏山はファベラと呼ばれる最貧困地域で、粗末な家屋で山全体がびっしりと占められています。そこでは1日1ドル以下での

生活を余儀なくされる極貧層におおわれ、そこに住む多くの人々は医療や教育のアクセスがままならない極めて悲惨な状況に置かれています。このようにラテンアメリカはバイタリティにあふれると同時に、世界で最も格差のある地域のひとつであることがわかります。

ラテンアメリカでは現在までに貧困撲滅のために多くの開発支援がなされていますが、その主役的な役割を担っているのが非政府組織、即ちＮＧＯです。この特別テーマ実践科目では彼らの活動を紹介することにより、貧困・格差とは何かについて学生自らがしっかりとした問題意識を持てるように様々な工夫がなされています。また、国際協力には異文化を理解することが必要不可欠です。そのためにビデオカンファレンスシステムを活用したラテンアメリカの同世代の若者とのVideo Conferenceを行い、参加者全員に直接対話によって肌で異文化について感じ取ってもらうよう努めています。ここでは主役は学生自身です。このVideo Conferenceは現在まではブラジルの若者との対話を行ってきましたが、今後はそれ以外の国々の若者との対話も企画しています。さらにラテンアメリカを語るにあたって欠かせない存在である日系人社会とのネットワーク構築にも力をいれています。この講座を通じて1人でも多くの学生が、国際貢献に関して自分たちで何ができるかを理解し、将来の日本とラテンアメリカの「架け橋」となって活躍してくれることを願っています。

世界は本当に広いです。特にラテンアメリカの世界は全く一言では言い表せない多様性に富んでいます。是非時間を見つけて訪問して下さい。そして学生の時でなければ経験できないような貴重な体験を通じて、ラテンアメリカを肌で感じて下さい。あっとおどろく宝石がみつかりますよ。

『特別テーマ実践科目』における学習の流れ

	選択テーマ型	自主テーマ型	受託テーマ型
テーマ・課題設定	担当教員によるテーマの設定	学生によるテーマの申請	地域・産学連携を通じた学外組織や学内ベンチャーからのテーマの提示 →テーマの受諾
実践計画の策定	実践計画書の作成と提出 →教員、外専委による助言 →実践計画の確定		実践計画書の作成提出 →教員、外専委による助言 →依頼主への提示と修正 →実践計画の確定
実践活動のスタートと定期的な経過報告	実践活動の開始 →授業における定期的な経過報告 →教員による助言 →(受託実践の場合は依頼主への定期的な報告も行う)		
実践活動のまとめ	活動内容の整理と成果報告書の作成		
報告 プレゼンテーション	成果報告書のプレゼンテーション／ 成果に関するディスカッションと助言（外専委も参加）		成果報告書のプレゼンテーション／ 成果に関するディスカッションと助言（外専委も参加） →依頼主への成果報告 →改良すべき点などの抽出
レポート提出	最終報告書の提出 →学習過程や学習成果のコンテンツ化		
見込まれる成果目標	①課題発見力 ②課題解決・企画構想力 ③情報発動（コミュニケーション力、報告書作成力、プレゼンテーション能力）		

『特別テーマ実践科目』の例

- 地域商店街活性化
- 観光集客プロモーション
- 地域連携と地域活性化
- 国際浅草学
- 水俣病 ―途上国への発信―
- ラテンアメリカの開発支援とボランティア
- サービス新事業開発の考え方とその手法を学ぶ
- グッド・イノベーション講座
- 若者のライフスタイル調査分析
- 新宇宙時代への突入 ― Our Entry into a New Space Age ―

（注：上記は明治大学商学部の2010年度の事例です。）

第5章

産学連携プログラム

第1節　「ものづくり戦略」のつくり方
～本田技研工業との産学連携プロジェクト～
［富野 貴弘］

第2節　サービス新事業開発の考え方と
その手法を学ぶ　［大友 純・菊池 一夫］

J.Ohtomo　T.Tomino　K.Kikuchi

1

「ものづくり戦略」のつくり方
～本田技研工業との産学連携プロジェクト～

富野　貴弘

(1) はじめに

① プロジェクトのきっかけ

「ホンダ（本田技研工業）が大学生と接点を持つ手段を探しているんですが、何とかなりますか？」という話が私のところに舞い込んできたのが2008年末のことでした。それを聞いた私は自分の耳を疑ったものです。というのも「ホンダという会社は、独立独歩の精神が強く他者とのコラボレーションなどは基本的にしないところ」という先入観が私の中にはあったからです。大学との産学連携のような取り組みからは遠いところに鎮座しているのがホンダという会社だと思っていました。ましてや、理系ならともかく商学部のような文系の私たちのところにそんな話が来るわけがない、というのが私の率直な反応でした。事実、当時たまたま別の仕事でご一緒していたホンダの社員の方に「こういう話が大学に来ているのですが、何かご存知ですか？」と聞いたところ、その方は「それはうちに限ってはあり得ないでしょう。そういうことは他社さんがやることでしょう」とおっしゃられていたのをよく覚えています。

このように最初、この話に対しては私自身がかなりの半信半疑状態でした。しかし同時に「もしもホンダとの産学連携プロジェクトが実現したら、ちょっとした反響を呼ぶだろ

産經新聞に掲載された紹介記事

脱「クルマ離れ」お知恵拝借

ホンダ、明大で正規講義

学生のお知恵拝借—。ホンダの社員が明治大学商学部（東京都千代田区）の教壇に立ち、自動車の販売戦略などを考える講義「ものづくり戦略」が16日から開講する。世界的な自動車不況の中、「クルマ離れ」が指摘される若者の本音を探りたいホンダ側と、学生に社会体験をさせたい大学側の狙いが一致した。通年（1年間）の正規講義で自動車メーカーが文系学生とコラボレーションをはかるのは珍しい。（津川綾子）

■学生に守秘義務

講義は、3年生を中心に22人が受講の予定（前、後期で4単位）。今年2月発売のハイブリッド車「インサイト」を研究課題に、同車の商品企画担当者や開発責任者ら社員十数人が講師を務める。学生が本田技術研究所四輪開発センター（埼玉県和光市）や生産拠点の鈴鹿製作所（三重県鈴鹿市）を訪ね「開発機密」に触れるような講義も予定されており、学生には守秘義務が課されるほど。

前期終了時の9月に学生が販売戦略をまとめ、ホンダのマーケティング部門のリーダーである営業開発室長にコンペ形式で提案。ホンダ側は「外部プランナーとしての役割を学生に期待し、意見を販売戦略に生かしたい」（宣伝販促部・原寛和主任）としている。

ユニークな〝コラボ〟が実現した背景には、最近の若者の「クルマ離れ」がある。警察庁の統計によると、運転免許保有者に占める若者（18～24歳）の割合は平成19年に8・7％となり、30年前の約半分に減った。

「かっこいいクルマを持つことにあこがれる若者」はもはや少数派というデータもあり、ホンダ側には「若者が何を考え、どんな車を欲しがっているのか、本音を知りたい」（同）との思いがあった。

■厳しさを学ぶ

一方、大学にとっては、就職活動を前に学生が、企業活動の最前線に触れ、社会のルールを学ぶ、いい機会になる。担当の明治大商学部、富野貴弘准教授（36）は「販売コストを考えたり、機密を守ることなど社会の厳しさを学生が学べば、将来プラスになることが多いはずだ」と期待をしている。

（『産經新聞』2009年４月10日、朝刊、無断転載不可）

うな」とも思いました。実際に、講義が始まってからは新聞や雑誌・テレビなどマスコミからの取材をかなり受けました。ちょうどこの話が来た頃、商学部では文部科学省の支援を受けた「質の高い大学教育推進プログラム」（地域・産学連携による自主・自立型実践教育）を始めており、そのプログラムの一環として設けられた講義枠を使うことができました。そこで、このプログラムを利用してホンダと一緒に面白いプロジェクトができないかということを考え始めたのです。そのときすでに私の頭の中には「ものづくり戦略」という講義名だけがぼんやりと想い浮かんでいました。

② 講義タイトルに込めた想い

自動車メーカーに限らず日本の製造業は「ものづくりの現場の力は強いが、それを利益に結びつけるのがあまり得意ではない」ということがよくいわれます。日本企業は、良いものを安く作る能力に関しては天下一品です。しかしなぜだか、最終的には儲かっていないことが多い。ものづくり研究で有名な東京大学の藤本隆宏先生はそういった状況を評して「強い現場・弱い本社」とおっしゃられています。要するに、得てして日本の製造業は儲けるのが下手だ、言い換えると戦略が弱いということです。ホンダがそうなのかどうかは別にして、この問題について学生たちと一緒にじっくり考えてみたいなという想いが私の中にありました。そこでまだ中身は何もありませんでしたが、「ものづくり戦略」という講義名だけはホンダ

と接触する前から決めていました。

(2) プロジェクトの設計

① 課題設定の難しさ

２００９年の年明け早々、いよいよ先方との具体的な打ち合わせが始まり、都内某所でホンダの方にお目にかかりました。その時にお会いしたのが営業開発室の原寛和さん、このプロジェクトの実質的なエンジンともいえる方です。私とほとんど年の変わらない（当時35歳）長身茶髪の兄ちゃんという風貌で「いかにもホンダマンらしい人が現れたなあ」というのが第一印象でした。私のいうホンダマンらしいというのは、「型破りな実戦派人間」―最近は、ホンダの中でもそういう人が少なくなったと聞きますが―ということです。ホンダの伝統的社風に「他人と同じことをやるな！」というのがありますが、それを普段から地で行っている（ように見える）のが原さんです。ちなみに２００９年に開催された東京モーターショーでのホンダのテーマは「ないものをつくれ。」でしたが、文系学部とホンダとの産学連携プロジェクトというこれまでになかった企画が実現できたのも、今から思えば、実はとてもホンダらしいことだったのかもしれません。

東京モーターショー2009のホンダのブース

さて、最初の話し合いの場でまず確認したのが「ホンダが大学と絡もうと思った理由は何か？」です。それに対する原さんの率直な答えが「とにかく、今の若者がわからないんですよ…」ということでした。世間では「若

者のクルマ離れ」ということがいわれるようになって久しいですが、これはホンダの中でもかなり深刻な問題として捉えられていたようです。特に日本の自動車メーカーの中では比較的若者に強いと自負しているであろうホンダにとって、その危機感は尚更だったのかもしれません。それに対する解決策の糸口を探している中で大学生と直に接してみたいと思い、この話が持ち上がってきたというわけでした。それならば、例えば企業の寄付講座等でありがちな大教室での一方通行の講義ではなく、少人数のゼミナール形式による双方向のコミュニケーションが可能となるような形の講義にする方がいいでしょうと提案をしました。その時提示した企画案の大枠と要望は以下のとおりです。

・履修学生の数は20人ほどを予定し、講義形態はゼミナール形式とする。
・ホンダから学生に対して課題を与えてもらい、それに学生が取り組む。
・課題に関する一次情報を可能な限り提供していただく。
・必要ならば守秘義務契約を交わす。
・クルマづくりの最前線で働いている方々によるゲスト講義を設定。
・ホンダの工場や研究所の見学機会を設定。
・最終的な成果発表はホンダ社内で行う。

これに対しては、面白いということですんなりと快諾をいただきました。担当の原さんがOKといえば、その時点でほぼ話が通ってしまうところが実にホンダらしいところです。余計な社内稟議などはほとんど必要なし（だったはず）です。もちろん、裏で原さんたち

ホンダ インサイト　＊写真は2009年モデル

©本田技研工業㈱

（写真提供：本田技研工業㈱）

がいろいろご尽力下さったのですが、「面白い→やりましょう→実現」というサイクルがとても早いのはホンダという会社の特徴の1つだと思います。しかし、我々がここで最も頭を悩ましたのが課題設定に関することでした。どのような課題を設定するかで、このプロジェクトの成否が半分くらいは左右されるなと思っていました。世の中では問題解決能力の大切さが叫ばれることが多いのですが、それと同じように（あるいはそれ以上に）大切なのが問題発見能力です。良い問題が発見できれば、その時点で問題はほぼ解決しているといっても過言ではありません。逆に、良い答えが出てこない時というのは、そもそもの問題設定それ自体が間違っていることが少なくありません。特に学生には、このプロジェクトを通じて問題発見能力を養ってもらいたかったのです。ですから、最初から細かく焦点を絞った課題を与えても駄目です。それでは学生は答え探しだけに奔走してしまいます。かといって「若者のクルマ離れについて」などという茫漠な課題でも学生は混乱しますし、ホンダにとって意味のある成果が出てくるとも思えませんでした。これには本当に悩みました。いろんな案が出ては消えての繰り返しでした。結局4月に実際に講義が始まった時点でも、学生に与える課題は具体的には決まっていませんでした。唯一決まっていたのは、2009年2月にホンダが新しく発売したハイブリッドカー「インサイト」を教材にするということだけでした。

②「インサイト」を教材に

なぜインサイトが選ばれたのかですが、それにはいくつか理由がありました。第一に、原さんがホンダ内で当時深く関わっていた仕事の1つがインサイト関連であり、様々な社内手配がしやすかったということ。第二に、ちょうどライバルのトヨタのハイブリッドカー3代目「プリウス」の発売が間近（2009年5月）に迫っており、世間的な話題としてもホットだった。第三に、すでに発売しているクルマであるため、機密情報の取り扱いに関してもそれほど神経質になる必要がなかったこと、などです。実は、その年にモデルチェンジを予定していた車種を教材にする案も出ました。まだ世に出ていない車を教材にするというのは、学生にとってはまたとない絶好の勉強機会ですが、やはり情報漏洩の点で大学として責任が持てないということになり、残念ながら却下になりました。この辺りは、産学連携プロジェクトの難しさの1つです。しかし、まだ発売していない車を教材にしても良いという提案をいただいたことで、このプロジェクトに対するホンダの姿勢が明確に伝わってきたのも事実です。

このように、半ば偶然の要素も絡みながらインサイトを教材にすることが決まりました。発売済の車種を教材にするとはいえ、ホンダとは「履修中に知ったホンダ内部の機密情報に関して許可無く一切外に漏らさない」という旨の機密保持契約を結びました。講義の初日に履修学生全員が機密保持誓約書に署名捺印をしました。もちろんホンダ側には、「万が一世間に漏れたら重大事故に繋がるような情報は出さないでくださいね」とはお願いはしていました。しかし、誓約書それ自体はA4、2ページに渡るかなり物々しいもので、学生には少々刺激が強すぎるのではないかとも危惧しましたが、「この講義は普通の講義

と違って、もしいい加減なことをしたら大変なことになるぞ！」というこちらの強い意思を伝える意味でもあえて結ばせました。こうして2009年4月、履修学生22人（男性13名、女性9名）を迎えて講義が始まりました。

③ もう1人のキーパーソン

この講義の実現と運営にあたり、ホンダからは原さんの他にもう1人担当の女性が常駐して下さいました。原さんと同じ営業開発室の尾山美奈子さんです。物腰やわらかで聡明な方ですが、原さんとはいろんな意味で実に対照的な方でした。「ものづくり戦略」のプロジェクトを車に例えるならば、力強い高性能エンジンが原さんで、そのパワーをタイヤに適切に伝えるギアの役割を果たしていたのが尾山さんでした。もし尾山さんがいらっしゃらなかったら、「ものづくり戦略」という車はしょっちゅうエンストを起こしていたに違いありません。尾山さんは、ホンダと大学との間の各種連絡やスケジュール調整、様々な社内手配、煩雑な事務処理など講義運営に関わる細かな作業をいつもテキパキと処理して下さいました。その手の作業が（たぶん）苦手な原さんと、それを見事にフォローする尾山さんとの関係は、まるでホンダ創設者の本田宗一郎と番頭役の藤沢武夫のような絶妙コンビでした。ここでもホンダという会社の特徴の一端を垣間見た気がします。

(3) プロジェクトの組み立て

① 学生自身に課題を見つけさせる

インサイトを教材にするということ以外、学生が具体的に取り組む課題は決めず講義に

突入したといいましたが、第1回目の講義で次の2点だけは学生に伝えました。

● 俗にいう「若者のクルマ離れ」問題が引き金となってこの講義が生まれた。
● 最終的な目標は、ホンダの利益に繋がるような具体的な施策を考えることである。

まずは前期の4月から6月までの間、「インサイトがどのようなプロセスを経て開発され、生産・販売されているのか、できる限りの情報を学生に与えよう」ということになりました。その後、学生が考えたことを自由にプレゼンさせ、そのプレゼン内容を元にして具体的な最終課題を決定するということにしたのです。つまり、学生自身がホンダの車づくりについて学ぶ中で発見した課題をベースにして、そこにホンダと我々の意思を組み入れながら具体的な課題へと変換するという二段戦法をとることにしました。そもそも、22人の履修生の中で「車に興味がある」と答えた学生はわずか2〜3人という状態でした。車のことなど全く何も知らない白紙のような学生ばかりが集まったのです。そのような典型的なクルマ離れ学生に対してどのような課題を設定すれば良いのか見当がつかなかったというのもありますが、車づくりに関するあらゆる方面の情報を、あえて料理せずに与えたら、彼らがいったい何を思い、何を考え、果たしてそこからどんな問題を発見してくるのかということにも興味がありました。こうして4月から6月はインプット期間とし、ホンダとインサイトに関する密度の濃い情報をシャワーのように浴びせることになりました。

② 販売店の訪問と学生の気づき

講義の初日、学生たち全員に1つの宿題を出しました。それは「ホンダ車の販売店を訪問し、その訪問レポートを書いてくる」というものです。今述べたように車そのものに馴染みのない学生ばかりでしたし、ほぼ全員が自動車ディーラーに入った経験さえないとのことでした。そこでまずは車販売の最前線を見学取材させ、そこで学生たちが何を感じるのかを我々も知りたかったのです。最終的に与える課題についても、文系の彼らに生産や技術そのものに関する問題解決は無理ですから、おそらく販売やマーケティングに関連するものになるだろうという見通しもありました。ですから、早い段階で現場訪問をさせることが必要だと感じていました。

レポート提出に加え各自がディーラー訪問をして思ったことについて、履修生のレベルを把握するという意味合いも含め最初のグループ発表もさせました。発表に際しては、「問題を設定し、現段階では稚拙なものでもいいのでその要因分析と具体的な解決案を提示すること」を基本線としました。問題の設定・要因分析・解決案の提示という基本サイクルは、その後の数度に渡る発表や講義のたびに提出させたレポートにおいても終始徹底させたつもりです。

プレゼンの結果ですが、もちろんまだまだレベルは低かったものの、最初にしては総じて我々の予想以上の良いプレゼンをしてくれたと思います。そして、どのグループも共通して発見していた問題が「ホンダのインサイトにかける想いや熱意が、販売の現場では思ったほど伝わってこなかった」というものでした。無論、並行して行われていた講義では、原さん、尾山さんを含めインサイトの企画・開発・宣伝等に関わった方々に入れ替わり立

ち替わり来ていただき熱い話をしていただいていた真っ最中でしたので、学生たちの意識にはかなりのバイアスがかかっていたとは思います。それでも「商品力に対する相対的な販売力の弱さ」という、世間でいわれることの多いホンダの弱点に学生たちは少なからず気づいたようでした。これには私も驚きましたが、「問題の鍵は現場にある」ということを改めて実感した瞬間でもありました。

③ 盛りだくさんの講義素材

全てを紹介する紙面の余裕はありませんが、実に豪華で新鮮な素材をホンダには提供していただきました。インサイトの開発責任者である関康成さん、商品企画を担当された井口郁さんなどによるゲスト講義。井口さんは偶然にも明治大学の卒業生であったというご縁もあり、講義後の飲み会にも参加して下さいました。ホンダの開発拠点である本田技術研究所（埼玉県）にもお邪魔しました。そこでは、インサイトの内外装デザイナーから話を聞き、通常一般には公開されることのない開発クレイモデル（粘土でできた実車モデル）まで見せていただきました。「これだけたくさんの文系の学生さんを研究所にお迎えしたのは、おそらくホンダ始まって以来です」とのことでしたので、それがいかに特別な計らいだったのかがわかります。8月には、インサイトの組立工場である鈴鹿製作所（三重県）の見学も行いました。

こうして4月から6月にかけ、販売や宣伝広告も含めたホンダの車づくりに関するありとあらゆる良質な情報を学生の中に流しこんでいきました。例えていうならば、料理の素人である彼らに、松阪牛クラスの豪華な材料の数々を与えたようなものです。いよいよ、

本田技術研究所を訪問

その材料を使って学生たちが実際に調理を開始する段階になりました。

④ **最終課題の決定**

インプット期間を終えた後の7月、学生には中間発表を行わせました。その目的は先にも述べたように、学生たち自身に問題を発見させるためです。なお中間発表の前には、全体の方向性を整えるため、次のような大きなテーマを与えました。

「ホンダが、インサイトを売り、利益をあげるためには何をしなければならないのか?」

●これまでに聞いた話、調べた内容を元に「問題(課題)を発見」する。
●その問題を発見するに至った「明確な根拠」と、それを解決するための「具体的な提案策」を提示する。

4グループが発表を行った結果、学生たちが発見した問題が上手い具合に2つの領域に分かれていました。1つは広告・宣伝に関するマーケティングの領域、もう1つが販売現場に関することでした。これをベースにしてホンダと話し合った結果、最終的に設定した課題が以下の2つです。課題毎にそれぞれ2グループを割り当てました。

課題1:「インサイトの次期マイナーチェンジに向けた製品改善およびプロモーション戦略に関する提案」

デザイナーから話を聞く

（写真提供：本田技研工業㈱）

課題2：「販売現場（ディーラーに限らない）における営業力強化・来店誘引施策提案」

最終課題に取り組むに当たっては、実際のビジネスの現場においても通用することを念頭に置き、以下の点を強く意識するように指導をしました。

- ターゲットとなる顧客を明確にし、その根拠を論理的・実証的に説明できること。
- 競合他社、他産業など、比較という視点を入れること。
- 自分たちの足で稼いだオリジナル情報と一次資料を必ず使うこと。
- コスト意識を持ち、費用対効果を考えること。
- 既存顧客の満足度と新規顧客の誘因度の双方を高める戦略を考えること。

これを受け学生たちは夏休み中をかけて課題に取り組み、販売店への訪問調査やアンケート収集などのフィールドリサーチに奔走しました。もちろん夏休みの間にも、折を見ては大学に呼び出して叱咤激励し、何度も中間発表をさせながら作業経過の確認をしました。そして9月の初めに発表内容の最終確認をした後、ホンダ社内での発表に臨んだのです。

(4) プロジェクトの完成披露

2009年9月半ば、埼玉県和光市にあるホンダの建物の一室にインサイト

の関係者やホンダの役員がズラリと勢揃いする中、全4グループが最終発表を行いました。学生が緊張していたのはもちろんのことですが、それ以上に緊張していたのはむしろ我々の方だったのかもしれません。発表の出来如何で明治大学商学部そのもののレベルが問われるというと大袈裟ですが、「ここまで協力していただきながら、もしも失望させる結果になってしまったらどうしようか」と本当に気が気ではありませんでした。原さんと尾山さんにとっても、「こんなことのために、わざわざ協力したのか?」と社内で問われる可能性があるわけですから、さぞかし緊張されていたことと思います。

その結果はというと、何とかホンダには及第点をいただけたと信じています。その証拠の1つに、発表後の質疑応答の場では実に厳しい質問と指摘の数々が飛び交いました。「まあ学生の考えたことだから、こんなもんでしょう」というような社交辞令的な反応や質問は一切なかったことからも、結果に対して一定の評価をいただけたのではないかと思います。さらに、学生が指摘した問題や提案した具体的施策のいくつかは、その後の実務の場で実際に参考にされたとも聞いています。さらに私が嬉しかったのが、発表を終えた学生たちが口々に「もっともっと良いプレゼンができたはずなのに悔しい」といっていたことです。あるグループは、「よりブラッシュアップした内容をもう一度発表する機会をください」とまでいってきました（後ほど、このグループは本当に関係者の前で再度発表しました）。「本気で勉強をするということは、言い換えれば自分の至らなさを知ることである」という「学ぶということの真髄」を学生たちは身を持って感じてくれたようでした。ちなみに、学生いわく「あの頃、街でHのマークを見ると条件反射で体が反応しました（笑）」とのことです。

肝心の発表内容ですが、ほぼ全てのグループが共通して発見していた問題が「ホンダを含め自動車メーカーの従来の販売広告戦略や販売現場での施策は、今の若者世代のニーズとはマッチしていない」というものでした。つまり、若者のクルマ離れの原因は、もちろん経済環境などの外的要因もあるが、自動車メーカーそのものの内的要因に負うところも大きいという指摘です。端的にいえば、メーカーの想いや製品の魅力が消費者である若者に届いていないというわけです。これは、「ものづくり戦略」という講義名に託した私の想いに通じるものでもありました。そういった意味で、学生が発見してくれた事実は私にとっても非常に意味深いものとなりました。

ホンダ社内での最終発表

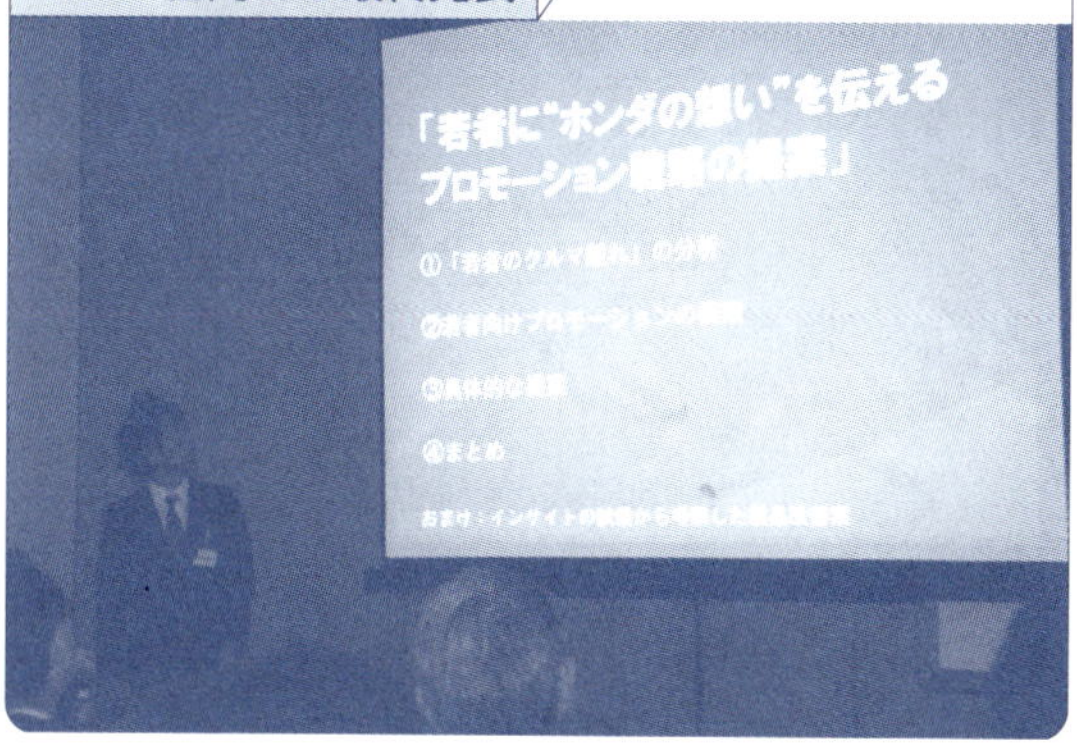

(5) おわりに

夏休みが明けた後期も、今度は「インサイト」とは別の題材を教科書にして講義は続き、年明けの1月に予定通りプロジェクトは終了いたしました。もちろん細かな課題は数多く残りましたが、先述したようにホンダにとっても大学にとっても一定の成果は残せたのではないかと自負しています。なかでも、参加した学生たちの成長ぶりには眼を見張るものがありました。現実に対する目の付け方、問題発見力、ビジネスとしての思考方法、プレゼンの仕方、チームワーク力、どれをとっても講義の始まる前と終わった後では、格段の進歩を見せてくれました。「日本の大学生は勉強しない」とまるで当たり前のようにいわれますが、質の良いキッカケを与えれば、若い学生の能力は際限なく伸びていくということもよくわかりました。多くの大学生が勉強しないのは、実は「我々大学側の教育方法そ

れ自体に大きな問題があるからなのではないのか？」ということを、プロジェクトを通じて痛感したのも事実です。また、プロジェクトについての新聞報道等を見た受験生から大学の広報課に「明大の商学部に入ってホンダの講義をとるにはどうしたらいいのか？」という問い合わせが結構あったとも聞きました。これは私にとっては何よりも嬉しい知らせでした。このプロジェクトが受験生に対して「大学名ではなく講義内容で大学を選ぶ」という「真の大学選び」を促すことに少しでも貢献できたのだとすれば、大学教育に携わる者としてこれに勝る喜びはありません。兎にも角にも、私自身も実に数多くのことを学びました。

最後に、原さん、尾山さんを初めプロジェクトの実現と運営のためにご尽力いただいた数多くのホンダおよびその関係者の方々にこの場を借りて、改めて深く御礼申し上げたいと思います。「ものづくり戦略」が、ホンダ、ひいては日本のものづくり発展のために僅かでもお役に立っていることを心から願うばかりです。１年間、本当にありがとうございました。

学生の声

「ものづくり戦略」プロジェクトに参加して痛感したこと

▼難波 公人（商学部4年）

大学の授業といっても、先生の話を聞き、ノートを取るという〝受け身〟のものが大半で、学生のモチベーションは「学ぶことの楽しさ」ではなく、極論をいってしまえば、単位の取得のみになっているのが現実です。もちろんこれは、学生1人ひとりの意識の問題だという側面もありますが、机の上で、教科書の中だけで展開される理論や知識ばかりをインプットしても、「これが実際のビジネスで通用するのか?」「自分の今の能力はどれほどなのか?」と疑問に思うことが多々あり、現在の大学の授業そのものにも原因の一端があるのではないかと感じています。私が「ものづくり戦略」に参加したのは、単純な好奇心とともに、既存の授業では得られない目に見える達成感や充実感を味わいたかったからです。そしてこの想いは、予想以上のものとして実現しました。

私がこのプロジェクトを通じて痛感したのが、アイデアを通すためのコスト意識の大切さ、そしてチーム全員で想いを共有し、同じベクトルに向かって進んでいくことの重要さです。ホンダに提案するプロモーション案として、奇抜で面白そうなアイデア自体はチーム内から多く生まれましたが、「なぜそれをやるのか?」「コストに見合った成果を得られるのか?」という指摘でほとんどがあえなくボツになるなど、プロジェク

トの開始当初はまず、社会人としての思考やビジネス感覚を身に付けることからのスタートでした。しかし逆をいえば、しっかりした根拠とコストパフォーマンスを示すことができれば、たとえ学生の考えた施策であっても、ビジネスとして評価して下さるのです。これは私たちにとって大きなモチベーションでした。そして相手を納得させるには、客観的なデータや自分たちの足で得た生の体験・現場の声が重要になってきます。最も地道で大変な作業のため、チーム全員の協力が不可欠でした。作業を分担する際も、チームとしてどのようなビジョンやゴールをめざしているのか小まめに確認をし、ブレや誤解のないように注意を払いました。なかなか自分の思い通りに行かず、歯痒い想いもしましたが、この経験は私にとって大きな財産になっています。

今回、僭越ながら学生の代表として筆を執らせていただくということで、1年間に及んだ本田技研工業との産学連携プロジェクト「ものづくり戦略」について、改めて振り返ってみましたが、正直、大変だったこと・苦しかったことばかりが蘇ってきました。何度も失敗し、何度も怒られ、そのたび1から、いや、0からやり直すことも日常茶飯事でした。しかしそんな状況でも腐らず最後まで取り組めたのは、本気でぶつかってくれたホンダの皆さんや富野先生、そして仲間たちがいたからです。「ものづくり戦略」は求められるレベルが高く、非常に厳しかったのですが、それ故に大きなやりがいや楽しさも感じていました。学生の間に多くの「気づき」を得て、また社会との接点を持てたことは、これからの人生においても大きな武器になるのではないかと思っています。

最後になりますが、辛抱強く私たちを見守り、支えて下さった本田技研工業の皆様、明治大学関係者の皆様、そして「ものづくり戦略」に関わって下さった全ての方々に、この場をお借りして深く御礼申し上げます。本当にありがとうございました。

企業の声

ホンダからの感想

▼原 寛和 氏（本田技研工業㈱）

私が学生だったころ、特に文系の学部では「学校の知識は実践では役に立たない」というのが半ば定説化していたように思います。実際、就職活動などで企業の方にお会いして、そんなことをいわれた記憶もあります。しかし少なくとも今の私は、それは嘘だといい切れます。何年も仕事をしてようやく気づいた人間が偉そうにいえた義理ではないのですが。

思い出すのは入社5年目、商品企画部門に移ってまもなくのこと。朝から晩まで考えて、「お、これはスゴイかも」なんてアイデアを思いついて、興奮しながら資料をまとめ、上司に話した時。期待に反し、帰ってきた答えは「ああ、ドラッカーもそんなことといってたね。」…誰だ、それ？ と思いながら調べてみると、確かに似たことをいっている。

こんなことが続くうち、知識とは先達の経験と知恵が体系化されたものだと思うようになりました。つまり、経験がない若者こそ、頼るべきものなんだと。ただし、その知識をどう使いこなすか、これが難しい。本に書いてあるようなケーススタディ通りには世間は動いてくれない。そもそもケーススタディの主役の多くは経営者だったりして、ベンチャー企業でもない限り、入社間もない若者には使えない（ように見える）。では、現実の場で、学んだ知識をどう企画に昇華させ、実行に移すか。結局それは、考え抜き、トライをし、ヒット＆エラーを重ねていくしかないと思うのです。

こんな自分の経験と想いをふまえ、プロジェクトの設計にあたって富野先生と話したこと。それは「課題を発見することの難しさを知ってもらおう」ということでした。

会社に入ると、「戦略」という言葉をよく聞くようになります。使い勝手の良い言葉で、中にはちょっと眉唾なものもあるので注意が必要ですが、少なくとも良い戦略の多くには、きちんとした課題認識が前提にあります。私見ですが、適切な課題設定で戦略立案の7割くらいの要素は達成している、とすら思っているくらいです。

思い込みや希望・願望、いうと気持ちの良い〝掛け声〟や精神論みたいな要素に惑わされず、真に市場（外部環境）と自社のリソース（内部要因）を見極めた上で、（できることではなく）チャレンジすべきことは何かを考える力を身に付けて欲しいと思ったのです。そして、この課題検討の過程で行われる様々な分析や提案の中から、私たちが社内に居ると気づかないような視点が出てくれれば儲けもの、と考えました。

そのためには、Ｈｏｎｄａの社員になったつもりで、自社リソースを考えてもらう必要がありました。学生個々と機密契約を締結したのは、それを考えるに必要な情報を可能な限り提供したかったからです。

もう1つ、このプロジェクトを始める際に考えたのは、真剣にやろうということ。「（学生にしては）よく考えましたね」なんて誉めるのは簡単だけど、よく考えてみると、そうする意味がわからない。そもそも先生でも上司でもない私なんかにいくら怒られても、最後は「関係ない」と思えるはず。だったら、きっちりいった方がいいんじゃないか。「そんな提案じゃ、お客さんはお金を払ってくれませんよ」と。


就職難の昨今、企業は即戦力を欲しがる、と聞きます。それが本当だとして思うのは、即戦力とは何だろうということ。そして何より、企業は勝手だなぁということです。

無論、業種にも戦力の定義にもよりますが、現実的に考えたら、会社に入って即、戦力になれるわけがない。自分も、会社の売上向上や費用削減に繋がる提案ができ始めたと僅かに感じられるようになったのは30の声が聞こえ始めた年齢でした。もちろん、私の能力・努力不足はいうまでもないですが、そういうことを鍛えられる場所が会社員になるまでなかったのも事実です。

企業側も、即戦力の人材が欲しいなら、もっと早いうちからそういう人材が育つように仕向けなければなりません。このプロジェクトがそういうことを考えるきっかけになればと思いましたし、そのためにも厳しさは必要だと考えました。

そうして過ごした試行錯誤の1年間、私も多くを学び、感じることができました。若者のクルマ離れというのが、どうやら世間でいうほどではないこと。私たちメーカーのやっているコミュニケーションは、やはり大分ズレているということ。そして何より、「今の学生たちは、（おそらく）私たちの世代よりずっと能力が高い」ということ。消費性向などのデータを見ているだけではわからなかった若い人のやる気と負けん気にも触れられ、日本の将来に少し安心もしました。

個人的には、成長していく学生を見ていると、人に何かを伝える仕事も悪くないなぁと思ったのが意外な発見でした。

プロジェクトの推進に関わって下さった富野先生以下、明治大学の職員の皆さん。弊社と明治大学の間を取り持ってくれた㈱電通の皆さん。私が目が回るほど忙しい時期だったこともあり、本プロジェクトに関わる社内手続きのほとんどを遅滞なく進めてくれた私の同僚の尾山さん。そして何より、履修して下さった学生の皆さん、本当にありがとうございました。（少しだけ）自信を持って、社会に出て下さい。少なくとも今の段階においては、おそらく、インターンシップやアルバイトでもなかなか味わえない、「思考の１００本ノック」に皆さんは耐え抜いてきたのです。でも、この後の努力をサボると、すぐに大変なことになるかもしれませんので、たとえ業種は違えども、学んだ考え方をどんどん実践してみて下さい。

それにしても、自分が受験して落っこちた大学に、こんなカタチで関わることになるとは…。御茶ノ水から帰る道すがら、人生のアヤの不思議さをよく感じたのも印象深いことでした。

「やったことのないことをやる」挑戦だけが視野を広げる。それは企業も個人も同じことなのかもしれません。

▼尾山 美奈子氏（本田技研工業㈱）

1年間、このプロジェクトに参加する中で、何よりもいちばんに感じたことは、学生たちの本当に目に見えるような成長ぶりでした。水を吸ってぐんぐん伸びる、そんな勢いで、情報や知識を貪欲に吸収しながら、1人ひとりが、またチームそれぞれが成長する姿に、こちらの方が大きな刺激を受けました。毎回のレポートで見せる洞察力や、授業での質問ひとつをとっても、プロジェクト当初と終盤では、深さ、鋭さが格段に違っていて、こちらがたじろぐこともしばしばでした。

また、Ｈｏｎｄａの人間として特に興味深かったのは、やはり、若い彼らの感性や目線から見た、我々メーカーの姿でしょうか。メーカーの中にいると、ともすると見えなくなってしまう「真実」が、彼らの示唆の中にあったように思います。例えば、カタログひとつをとってみても、メーカーが伝えたいことと、彼らが知りたいと望むこととのギャップがいかに大きいか。そのことを、学生たちとの議論の中でダイレクトに肌で感じることができたのは、大きな収穫でした。若者のクルマ離れといわれて久しいですが、若者が離れたのではなく、我々メーカーが彼らから離れてしまったのでは、という問題意識を、このプロジェクトを通じて強く感じました。

私は、このプロジェクトの裏方として、講義の運営をサポートする役回りでしたが、逆に、私自身が教えられ、得たものも大変多く、このまたとない機会に巡り会えたことを、心から感謝しております。富野先生や学生の皆さん、明治大学関係者の皆さま、このプロジェクトに関わった全ての皆さまに、厚く御礼申し上げるとともに、今後益々のご発展をお祈り申し上げます。1年間、本当にありがとうございました。

2

サービス新事業開発の考え方とその手法を学ぶ

大友 純・菊池 一夫

これまで、旅行業界のビジネスが成立するための本質は、旅行に係わる情報に関して、それを豊富に有している業界企業側と、自らの快適な旅行を願いながらもそれに必要な情報を十分に有していなかった消費者側とのいわゆる〝情報格差〟の存在にこそありました。つまり、企業側から旅行を行おうとする消費者に対する提案型の営業がなされてきたのでした。しかし、インターネットの発達はその情報格差を低減させました。つまり、宿泊施設側や交通機関側との直接的な取引交渉等も消費者にとっては自由に行えるようになったといえます。

このように、ＪＴＢに代表されるような旅行会社のビジネスが成立するための本質そのものが否定されている今日、この危機的状況を脱するための新しい事業をどのように開発し、展開していくかはまさに業界全体が解決しなければならない課題といえます。つまり、顧客の中により深く入り込み、顧客の抱えるビジネス課題、生活課題をより効率的、効果的に解決し、顧客に感動してもらえるような、より高度なレベルの商品開発やサービスのシステムを事業提案していく必要があるといえるでしょう。

そこで、これからの余暇消費の主役である学生諸君の新鮮で斬新なアイディアを㈱ＪＴＢ法人東京の社員の方々と一緒に探りながら、新しい余暇時代の新しい価値システムを築いていくことが本講座の基本目的となります。

この講座では大学の通常の講義で学んだマーケティングの理論や考え方を大切にしつつ、ＪＴＢへの新規事業提案を考案する中での実践的な思考訓練を進めていくことになります。また事業提案を考案する上での情報収集と選別、チームワークの重要性を身につけてもらうことを課題としています。ここにこそ社会に人材を輩出する側の大学と、人材を受け入れる側の企業との産学連携の意義が見出されるのです。

なお特に、本講座を開設・運営するにあたって多大なご理解とご協力をいただいた㈱ＪＴＢ法人東京の川村益之代表取締役社長、久保田達之助事業開発部部長らの関係者の方々には深く感謝申し上げる次第です。

(1) 産学連携の進め方

全授業回数15回のうち、初回は担当教員による授業概要に関する説明が行われました。次の5回は、㈱ＪＴＢ法人東京の事業開発部部長である久保田達之助氏を中心にしながら、旅行業界の現状や現在の戦略的課題等が説明されました。

その後に課題整理や解決テーマ数に応じたグループ分けをくじ引きで行い、各グループで新しいアイディアの探索のためのグループディスカッションや関連業界へのヒアリング調査、消費者への調査の準備そしてアイディアの整理と新戦略の策定作業を8回にわたって行いました。授業の最終回ではドラフト案の発表がなされ、その後、夏休みに入り、各グループの自主的な研究調査活動が行われました。そして、㈱ＪＴＢ法人東京に対する発表会を開催

し、これまでの成果を報告いたしました。加えて和泉校舎でも成果報告会を行いました。

1回目　担当教員の説明とJTB法人東京からのレクチャー
2〜6回目　JTB法人東京からのレクチャー
7〜14回目　グループワーク　JTB法人東京・見学会
15回目　ドラフト案の発表会
9月7日　発表に向けた中間報告会
9月16日　JTB法人東京への報告会
9月18日　成果報告会（和泉校舎）

学生が大学で学んだマーケティング理論をベースにしながら事業提案を開発する上で、グループワークの際に、教員と㈱JTB法人東京のメンバーで各グループを回り、アイディア・スクリーニングやSWOT分析の手法、質問紙調査とヒアリング調査の手順と設計などを教授しました。ここでは基本的な文献に立ち返り、そこで学んだことを自分たちが提案しようとする案の内容に適用するように勧めました。

加えて本学の図書館にある各種のデータベースを活用して資料収集することも勧めました。

(2) レビュー段階の重要性

50名超（10グループ）の受講者のため、進行状況の把握と提案内容のクオリティの維持・向上が課題となりました。

そこで進行状況を確認する上で、各グループのドラフト案の発表会と中間報告会を行い、教員と㈱JTB法人東京のメンバーでレビューを行いました。こうしたレビューを通じて、事業提案自体の問題点や案の論理構成の問題、進度を学生は確認することができたといえます。事業提案自体のクオリティを確保し、チーム全体の調整努力を成果報告会という1つの目標に向けていくためには、レビュー段階での確認の重要性が指摘できます。

(3) 産学連携の成果

特別テーマ実践科目の受講生が活用する明治大学のブログのミエ・ログ‼の中でも受講生が記述しているように、テーマの設定に関して変更があったり、授業時間外でも自主的な研究活動を行っていたため、チームワークが学べたように思われます。また成果報告会において学生の中には、1人ではなく1つのチームで事業提案をつくりあげていくことが貴重な経験になったと述べた学生もいました。

また提案内容を教員だけでなく㈱JTB法人東京のスタッフから講評されることで社会からの視点、ビジネスの視点を大いに学べたように思われます。

学生の声

新しい一歩を踏み出す勇気

▼山口 友妃慧（商学部3年）

特別テーマ実践科目を受講し、㈱JTB法人東京に向けて新事業案の提案を行いました。第1回の講義で、JTBのプロモーションVTRを見た瞬間、言葉で表すことのできない衝撃が走りました。授業を受講する1カ月前、私はカンボジアで1週間ほどボランティアをしました。そこで「旅」が与える無限の力に圧倒され、どうにか形にしたいと葛藤している時、JTBの「ヒトを動かす　モノを動かす　ココロを動かす　それが旅のチカラ」というキャッチフレーズに出会いました。まさに私が求めていたものがここにある、カンボジアで得たパワーを全てこの授業にぶつけようと決意したのです。

この講義を通して学んだことは「固執せずに新しい一歩を踏み出す勇気」と「なによりもまず、自分たちが楽しむこと」です。私たちの班は事業開発を行うにあたり、①前例がないこと、②学生目線の発想という2点をスタートに思いつく限り案を出しました。さらにニーズはあるか、顧客に「感動」が与えられるかというポイントに注目し、その結果、収益性の問題、JTBの優位性が活かせているか、といった流れで議論を進めました。長いプロセスの中で何度も、自信をもって進めた答えが、最後の収益性の問題で壁にぶつかりました。議論を重ね練り上げた以上、もう少し粘って事業案としてカタチにしたいという気持ちが班には残ります。しかし私は、リーダーとして1つの考え

に粘り強く議論することも大事だけれど、時には潔く切り捨て、新しい考えをゼロから始める勇気も大切であると班員に話をしました。リーダーという立場から「固執せずに新しい一歩を踏み出す勇気」を学びました。

講義の最終目標は「社長の前でプレゼンテーション（プレゼン）を行い、アッと言わせる」ことだったため、内容だけでなくプレゼン方法にも重点を置きました。プレゼンとは単に考えを発表するものではなく、見ている人を楽しませるショーであるということを軸に他の班との差別化に取り組みました。発表の3日前にVTRの作成を思い立ち、台本や構成を練り、撮影に取り掛かりました。時間がない中でも、編集にはこだわりを持ち2本のVTRを完成させました。そして発表当日、他の班のリーダーが緊張で強張っている中、私は「早く自信作を披露したい！VTRで驚かせたい！」という思いがみなぎり、緊張感を楽しんでいました。結果、これまでの努力は優勝という最高のカタチで私たちのもとに返ってきました。ゴールまでの道のりは苦悩ばかりで辛かったけれど、終わってみると達成感という気持ちだけが私の中に残っていました。この講義を通してもう1つ私が学んだことは「なによりもまず、自分たちが楽しむこと」でした。今回の経験から得たものを今後様々な場面で生かし、さらなる成長に繋げたいと強く感じました。

学生の声

特別テーマ実践科目

新事業開発案の発表を終えて

▼永澤 綾子（商学部3年）

私たちは今回、ＪＴＢ社員になったつもりで新事業開発に取り組みました。そのため、授業当初に㈱ＪＴＢ法人東京についてと、実際に行われた事業について等の説明を受けました。また、実際に新事業提案で行われたプレゼンも見せていただきました。私はこのプレゼンに大変圧倒されてしまい、目標にしていこうと決めました。このプレゼンには発想の斬新さや話す技術が凄いのはもちろんですが、今学んでいるマーケティングの要素が実際に活用されていたからです。私は初めて実践で行われているプレゼンを見ることで、「学んだことを実践に利用したらこうできる」、「学びが仕事に生きている」ということを目の当たりにし、目標とすることで少しでも近づいていきたいと思いました。

授業ではＪＴＢ法人東京本社訪問と羽田空港整備場見学も行われました。どちらも通常立ち入ることのできない場所で、実際に現場に行きそこの空気に触れることができ非常に感動しました。ＪＴＢ法人東京本社訪問時には、川村益之社長から「これからの企業が求める〝人財〟とその資質」、「企業理念と働く意義」等についてお話を聞かせていただきました。就職活動を控えた私にとって、働くことについてや理想の社会人像についての考え方を変える大きな出来事となりました。川村社長のお話の中で特に印象に残っているのは「社長の器以上に会社は大きくならない」という言葉で、大変衝撃を

受けたのを覚えています。

　私たちが行った新事業開発は、くじでグループを決め自己紹介をするところから始まりました。実際に新事業提案で行われたプレゼンを目標に、旅を基軸とし前例のないような消費者の目線に立つこと、非常識を常識にし、かつ社会貢献にもなることを考慮しつつ提案しようと協力し合いました。異なる視点を持った5人グループでの話し合いは、様々な考えと意見が飛び交い、楽しいものになりました。私のように突拍子もないことをいう人や、賛同してくれる人、冷静に矛盾を指摘してくれる人、うまく流れを作ってくれる人、順序良く整理してくれる人、全員で意見を出し合い切磋琢磨してできた

ペットとともに旅をしやすくする
ペット・トラベリング・パック
の提案

案は、ペットとする旅行に便利な「ペット・トラベリングセット案」でした。

　最後に、この活動を通してグループで一丸となって1つのことをやり遂げるコミュニケーション能力と、社会で必要とされるものは何かを考える力を得ることができました。この経験は今後の私の糧になると思います。

企業の声

「サービス新事業開発の考え方とその手法を学ぶ」を担当して

▼久保田 達之助氏（㈱ＪＴＢ法人東京 事業開発部部長）

今回講義を担当させていただいたきっかけは、弊社で3年前に人事異動で営業個所からマーケティング局長になり、せっかく大学時代に学んだマーケティングを全く忘れて困っていたところから始まります。マーケティングについて専門書を読んで勉強しようと思いましたが、あまり頭に入らず、母校・明治大学のホームページをふと見たところ、リバティーアカデミーの「マーケティング講座」を見つけ自費で仕事に支障がない土曜日に1年間受講しました。

社会で経験しているおかげで、マーケティングの授業がよくわかり面白く、同級生も時間がない中、学びに来ている社会人なので、とても真剣でお互い刺激になり1日も休まず受講して、短期間でマーケティングの基礎を学ぶことができました。

そこでご教授いただいた小川教授、大友教授と授業後プライベートの時間を利用して色々議論していたところ、『特別テーマ実践科目』のことを伺い、先生方のご推薦もいただいて担当することになりました。

実はその前に昨年大友教授のご厚意で「インダストリアルマーケティング」の授業の時間をお借りして、模擬授業を開催させていただきました。授業を通じて学生の雰囲気がわかり、講義の自信が付きました。驚いたことにこの授業でＪＴＢ法人東京のことを知った学生3名が難関を勝ち抜いて内定してくれました。マーケティングが大好きで旅行も好きという学生が入社してくれることは、とても嬉しいですし、弊社に新たな風を起こしてくれると期待しています。

今回の授業のテーマは私が弊社の事業開発

部部長であることもあり、学生が今まで学んできたマーケティング・統計学・消費者行動論等や人生で経験したことを加味しマーケティングの分析方法を利用してJTB法人東京に事業提案してもらう「新事業開発とその手法を学ぶ」というテーマにしました。

嬉しいことに定員の3倍の応募が集まる人気授業となりました。

私からは、観光産業やJTBの現状とJTBのリソースをお話ししながら、会社で利用する実践マーケティングの手法を講義させていただきました。

講義を利用して特に注力したことは、社会で必要なプレゼンテーション能力・コミュニケーション能力・チームワーク・創造力・議論する力などを身に付ける内容にすることで、授業を通じて能動的に動ける学生を創ることも目的としました。

私の大学時代は4年間で能動的になれる時代背景や自由さがありましたが、社会環境や教育体系の変化から、最近では受動的な学生が多くなり、就職で企業と学生の不一致が社会問題にもなっていることから、私の教えた学生を不一致のない学生にしたいと思い、「社会で生きる力」を重視したわけです。

やはり社会人から教えてもらうことが、学生にとっても新鮮だったこともあり、とても真剣に授業を受け規律正しく、講義終了後はいつも質問がありました。また学外者として、明治大学OBとして学生生活について個人的な相談も受けました。

講義の途中からは、グループワークになり、議論することに慣れていない学生は苦しんでいましたが、慣れてくると夏休みには自主的に集まり最終提案に向けて議論して、不明な点は私や担当教員の菊池准教授にも質問する積極さが出てきました。

最終的に9月に弊社社長に成果を発表する場を設定して各チーム15分のプレゼンテーションをしていただきましたが、どのチームもロジカルでプレゼン資料の出来がよく、発表も立派で、弊社社長は「学生のレベルの高さを痛感した」と驚いていました。

最終講義で後輩たちがここまで成長する姿を見て感動しましたし、卒業後初めて後輩たちや母校の役に立ったと感じました。また文科系の産学連携の在り方が見えてきた感じがしました。

実は、この授業の評判を聞いて、早稲田大学・慶應義塾大学のマーケティング系サークルの学生たちが弊社に来て、その学生たちより「是非講義をしてほしい」と要望され、夏季講習会を開催しました。明治大学との取り組みが他大学の学生を動かした画期的なことだと思います。

また、他大学からも講義や講演依頼が多くなり、明治大学との取り組みが他大学にも気になる存在となってきている証拠だと思います。

明治大学の先生方や職員の皆さんからはとても感謝されていますが、弊社としても、学生たちが何を考えているかを知ることができたこと、学生の知見を弊社の事業に加味できたことはお金に代えがたいものです。学生もりっぱな消費者なので、消費者目線を重視している弊社としてもメリットがあり、ｗｉｎ-ｗｉｎの良い関係が築けたと思います。

授業以外にも文部科学省グローバル30に基づいた留学生関連について弊社と提携していますし、旅行業務でも海外の留学サポート・部活やゼミ旅行等でお手伝いさせていただいております。また、弊社では初めて明治大学の学生のインターンシップの受入を開始し、事業開発部で夏季2週間勉強していただきました。

最後に私は、明治大学の建学の精神である「独立自治」の精神を学生時代気づかないうちに大学の雰囲気や歴史、先生方やスポーツを通じて身に付けたおかげで、今回社内・社外の多くの壁を越えて実現に向け多くの成果を出すことができました。「個」を鍛え、「前へ」すすめる明大生を作るため、来年以降も社会人講師として熱い思いでお手伝いさせていただきたいと思います。ありがとうございました。

対談

産業界から考える産学連携の意義

〔対談者〕
▼川村 益之氏 (株)JTB法人東京 代表取締役社長
▼横井 勝彦氏 (明治大学商学部長)
〔オブザーバー〕
▼久保田 達之助氏 (株)JTB法人東京 事業開発部部長
▼大友 純氏 (明治大学商学部教授)
▼菊池 一夫氏 (明治大学商学部准教授)
〔対談日〕2010年9月16日

横井先生 JTBの社長さんにも来ていただいて、こういう風にプレゼンができたということは、これは、やはり外に立派に発信できる新しい取り組みなので、大学としては即、それはもう広報にもなってしまうということで、ありがたい限りです。学生も自分たちの誇りに思ってやってくれていますからね。

川村社長 本当に良い循環で回っていますね。

横井先生 ええ おかげさまで。それで今、OPENキャンパスといって夏休みに受験生が大学を見学に来てくれるのですが、その時も模擬授業というのをやるのですけれども、その模擬授業以外に学生が授業をやるのですよ。そこでは、学生が、今自分たちがこういうことをやっているということを受験生に対して報告するのです。だから今回のこういう経験をもとに、学生は受験生とその親御さんにも報告するということになると、そうするといよいよ意識的にもうほとんど大学の一員というか大学の単なる「学び手」じゃなくて、コミュニティの一員みたいな形に意識が高まってきて、学生も、受験生が増えると一緒になって喜んでくれるのです。

川村社長 なるほど。ちょうど日本はどちらかというと、大学生と我々企業となかなか交

わりがなかったじゃないですか。この交わることによって、彼ら彼女たちが企業に入った時に非常にスムーズに入ってこられます。そうすると我々としては非常にメリットがあって、当然、我々も教育コストが削減できますから。変な話、箸の上げ下げから含めて、もう1回教育しなおさないといけない学生が多いのですよ。

横井先生　(笑) なるほど…

川村社長　いいえ、明治大学の学生さんがといっているわけではなく全般的に。

横井先生　ええ、わかりますよ。

川村社長　今、実は中高の理事長や校長にも、「教育界から輩出される人材と、我々企業が求めている人材とでミスマッチをおこしていますよ」と話しているのです。そこはもう教育の方針自体があるわけですから、それをできる限り我々はお手伝いさせていただきます。今のキャリア教育もそうですけれども、我々がお手伝いさせていただきながら、中学・高校生ぐらいで将来自分のキャリアをどうするのか、ということを考えた時に、それを実現するためにはどこの大学のどの学部に入るか。そうすると学習意欲も高くなりますね。

横井先生　それは問題意識もぜんぜん違いますね。

川村社長　違うと思います。だから、そういう形で若い人たちを育てていきませんと、恐らくこれからの日本の企業というのは戦ってはいけないです。今回のような取り組みというのは、我々にとってみても非常にありがたいお話です。

横井先生　私どもも、6年ぐらい前ですかね、特色ある大学教育を文科省がサポートするという企画がありまして、それに応募して採択されて、4年間ぐらい補助金をいただきました。その時のコンセプトは先程もお話させていただきましたように、企業や地方自治体の教育力を使って産学連携とか地域連携を実践するものです。学生は実際に企業や地域に出向きますと、先方から色々厳しくいわれて帰ってくるわけですね。授業や教室では絶対ありえないことを、それこそ服装から、言葉づかいから、電話のかけ方とか、もう徹底的に指導してくれるわけで。まあ、ありがたい限りなのですけれども、そこから得るものがすごく大きくて、それが終わった時に学生は凄く自信を持つのですね、やっぱり成長しています。ですから今まで教室の中だけで終わっていたことを、社会に広げると得るものと

いうのは凄くあります。これを順番立てて考えるだけでは案外だめで、一生懸命勉強して、これを踏まえて社会に出ていこうと思ってもだめで、もう、いきなり出て、そこで痛い目にあって、その課題をもって、教室で勉強するのも、良いわけです。色々フィードバックしながらですね、商学部ではそういうことをやり始めて、間もなく10年ぐらいになるのですけれども、本当に多くの会社の方々にお世話になって、現在、これをいかに発展させていこうかというような状況です。大学の中でも、商学部はこの分野では非常に注目されています。で、今回また、ＪＴＢさんにこういう風に手伝っていただいて、益々実績が上がって、私どもとしてはありがたい限りなのです。

川村社長　（笑）そうですか…まあ、従来型の産学連携というと、大体理系のイメージがいたします…

横井先生　そうなのですよ。文系ではイメージできないのですよね、なかなか。だから自分たちで作って行くしかないという点がありますからね。

川村社長　そうなのですね、そういった意味では、教育に関わりながら将来の優秀な人材を育てていくという点で連携をするというところは、非常に我々にとってもメリットがある話です。

横井先生　なるほど。よく受験業界の人も私どもの所に来まして、就業力をどうやって作るかということで、何となくマニュアルを探しているようです。マニュアル本のようなものを作ろうとしているのですけど、マニュアル本は役に立たないです。やはり今回のような形で実際に、現場のプロの方の目を通して鍛えてもらうということでないと、生きた教育にならないというところがあります。そういうのを今日もつくづく思うのです…。そういう機会を如何に確保していくかというのが大きな問題です。

川村社長　そうですね。そういった意味では他の大学に比べたら、明治さんは凄く積極的ですよね。これだけ積極的にやっている大学は他にあるのでしょうか？

横井先生　例えばですね、実は私どもは、この間『これが商学部‼』という本をお届けしたのですけれども、来年（2011年）の春にあれの第2巻を出す予定なのです。そこでは今回の件もまた紹介させてもらうのですけれども、今回はですね、社会連携、産学連携の特集を1冊にして出すつもりなのです。それが、1つの大学ではなく、1つの学部だけで1冊出せるというのはあまりないと思うのです。

川村社長　ないですね。

横井先生　これを出すことによって、今回のJTBさんのご協力もそうですけれども、やっぱり、こういう風な教育モデルがあるのだということを社会に発信すると、他の大学でも役に立つと思うのですよね。

川村社長　役に立つと思います。

横井先生　産学連携といって、一体文系ではどうやってやるのだ？という疑問があると思うのですよね。そういう時に、こういう風にやって教育効果を得ている、ということで（本が）出せればということになりました。出版社でも調べたところ、類書がないということで、商学部独自に作るということを進めています。これで受験生にとってもそうですが、社会的にも様々な取り組みを発信させていただこうと思っております。また、ちょっとコメントをいただきに上がるかもしれないのですが（笑）、その節はよろしくお願いします。

川村社長　いえ、とんでもございません。おかげさまで来年（2011年）の入社する学生の中でも、明治の学生が非常に増えています。実は少し片寄りすぎているのではないかと…。（笑）来年は8人ですから、全体のなかでいけば3割近くになります。明治の学生は強いものを持っているので、変なプライドがないじゃないですか。それが我々としては、職種上、メンタ

ルな部分も要求される仕事ですから、必然的に多いと思います。あの、ただ、人事担当が明治出身であるのも影響が…冗談ですけど（笑）

横井先生　それは、ありがたい限りですね、私共も、大学に入っても、なかなか出口が見えないような現代社会で大事なのは、OB・OGだと思っています。そこで、OB・OGを「見える化」しないとだめだと。商学部といっても13万人ぐらい卒業生がいるのに、どこで何をやっているか分らないのでは、もったいないですからね。ということで、OB・OGを掘り起こして、あるいは大学に呼んで、ということを考えているのですけれども、これは「OB・OGの見える化」という意味では、明大OBの多いJTBさんは格好の対象に…（笑）

川村社長　弊社では多いですね。明治大学出身は…。とても活躍しています。今回の授業を担当した久保田もそのひとりです。

横井先生　学生は希望をもちますよね。そういう一流企業で先輩が働いているということは、最高の励みになります。入学した時から、自分たちですら知っているような有名企業で先輩達が活躍しているのだと知ることは、学生たちには励みになりますので、是非是非毎年8人ぐらい採っていただけると…（笑）

川村社長　（笑）それはなんとも…

久保田氏　（話はそれますが）私どものOB・OG会がありまして…

横井先生　明治のですか?

久保田氏　ええ、JTBの明治大学出身OB・OG会です。JTB駿台会といいます。毎年紫紺館でやっており、実は昨年（2009年）私がお願いして納谷廣美学長にもご出席いただきました。

横井先生　そうなのですか～!

久保田氏　私が事務局をやっておりまして、イベントの運営から司会進行もやっています。現役学生との交流として、余興で明大のサークルにも参加いただきました。ここでも産学連携をやっています（笑）

横井先生　それは、ありがたい限りですねぇ。

川村社長　これから学生はお互い競争しあうのが日本人だけではありません。実は我々も来年（2011年）は留学生を新卒で採用する予定です。まあ、たまたま国籍がイランや中国の方がいますが、これからの日本の学生は、日本の学生同士の競争ではなくて、ある意味では他の国の留学生をも含めた、競争にさらされることになっていきます。

横井先生　そうですね…

川村社長　今、中高の私学もある意味では、国内人口が減ってきますから、子供も減ることになりますよね。今度は海外の子供たちに日本の中高、私学を選んでもらいたいというような国際化に向かっていった時に、益々外国の方との競争がこれから非常に激しくなると思います。そうすると、今回の授業のように、きちんと論理的なことを学んで、レビューできないと、生き残っていけないと思います。

横井先生　そうなのですね、それはありますね、それを「新入社員研修で」なんていっている時代はもう過ぎましたね。

川村社長　遅いとはいいませんけれども、できたら、十代後半から、大学4年間の中で、議論しあうというようなものを大学に作り上げていただかないと。恐らく、私どもを含め企業側は、割とその組織に順応する人材よりもやはり、自ら課題を見つけて自分から変えていく、というような人材を求めています。ただ、残念ながら今はですね、自ら課題を見つけ、自ら解決しようとする人材は少ないのです。そういった意味では、変革を自らしようともしない。こういったような日本の企業の人材というのはうちだけではなくて、私は色んなメーカーさんの役員の方と異業種で交流しているのですが、同じような問題、課題を抱えているのです。やはり将来の日本は、日本人を中心とした人材では企業はやっていけません。そうすると、外国人にとって代わられてしまいます。上司が外国人ということがこれから当たり前になりますし、また上司が女性ということも当たり前になるでしょう。非常に多様な環境の中で今の学生が生き残っていけるかどうか、社会に入ってから厳しくなると思います。そうすると大学時代から、もっといえば中高から鍛えていただいて、企業に入ってきた時に、外国人と切磋琢磨していけるような人材というのが必要です。中学、高校、大学、企業が連携しながらやっていくべきだと私は思います。

横井先生　文科省とか経産省がよくいうのですよ。課題発見能力とか、課題解決能力とか。じゃあ具体的に、どうするんだ？というと、今までの教育体系をもっと立体化していろいろな力を借りて、いろいろな意見を受け入れていろいろな情報を学生に与えて、刺激を与えていく必要があります。それを怠ると、やっぱり、周りは外国人に圧倒されていく時代がきますね。これはホントに大学の責任でもあると思います。学生もそういう意識を持ってやらないといけません。大分これから時代が大きく変わっていきますね。

川村社長　そういった意味では、我々は中学生と高校生を対象にして、フジテレビさんと「めざましテレビ」の番組をクラス単位で生徒が作るコンテンツを開発し提供しています。教材が学校に送られ事前学習、フジテレビ社屋のスタジオで本番、事後学習を行う内容です。クラスの一体感に悩む先生にとって、中高生がとても興味のあるテレビを利用した教育手法で、クラス全体で感動体験をしてもらう。このようなことで、社会と接点を増やしていくのが非常に刺激になると思います。常に学校に対して学校の先生では教えきれないものを、企業としてサポートしていこうと。これは、ビジネスというよりは、ある意味では将来の企業の人材育成なのです。入ってから我々が育てるのでは遅いので。たまたまＪＴＢでは、中高の学校マーケットを修学旅行や語学研修で担当している関係でパイプがあります。逆に、先生方にはキャリア教育の相談を受けるので、企業として役立つものを具体的に提供していかなければなりません。本で教えるというのは限界があります。やはりそれを体験して自ら気づきを与えることが、今の子供には大切かと思います。

横井先生　この、テレビとか、インターネットからの情報が今もう、洪水のようにありますが、自分のことでないような情報が多いのですよね。自分の将来とか、自分の来年に直結している情報というのは、やはりこちらが意識して与えてやらなければいけないし、彼らの将来のことを考えた情報を与えてやらないと、生きた教育に繋がっていかないのです。そういう意味では、そのようなスタンスで大学生に対して教えていただくこと自体、私どもにとっても非常に勉強になります。

川村社長　いえいえ、とんでもない…

横井先生　毎年何人ぐらい採用の方は…新規で…？

川村社長　ＪＴＢグループ全体でいくと、来年（2011年）あたりでいけば、トータルで400人。ただ、私どもの会社でいくと、まぁ、30～40人。来年ちょっと事業再編があるものですから、私どもの会社も今の倍以上の大きさの会社になります。私どもの会社だけで、大体100人まで採るか採らないかです。あとは今の経済状況が非常に厳しいですから、どうなるかはまだわかりません。ただし、一時、日本の企業が、ある年代層をほとんど採らない時代があって、実は50代中盤の人材が非常にいないですね。だから今、様々な企業で経営人材が非常に足りないのです。

横井先生　団塊の世代のちょっと後ですね。

川村社長　ここが極端に少ないのです。まあ、50才前後の人材はそれなりにいますけど。そういった意味では、これから日本の企業経営人材を若返りさせないといけません。中国はもう、30代、40代ですし。昨日たまたま、ラオックスの前社長のお話を聞く機会があったのですが、去年（2009年）中国企業に買収されて、その中国企業のCEOは30代、財務の担当は女性で20代、もう、相手はそういう状態だそうです。韓国もやはり40代のCEOが多いようです。ところが、日本の企業は若くても50代、だいたい60才前後です。やはりこれを変えていく為には、大学の教育は非常に大事だと思うのです。そしてもっともっと早いスピード感がある中で、企業人材を成長させていかなければなりません。そのためには、我々企業も20代30代にチャンスを与えていかなくてはなりません。

横井先生　なるほどね。

川村社長　まあ、たまたま私は30代で企業を立ち上げました。そういう環境を会社が作ってくれた、というのがやはり一番大きいですから。そういった意味での、経験・体験・苦労をさせる、というのは早めの方が吸収できますから…。

横井先生　なるほど。

川村社長　そこを私としても、企業としても機会をつくっていきたいと思います。

横井先生　グローバルスタンダードの人材のあり方みたいなことについても、是非、現場の第一線のお話を学生に聞かせていただければと思っています。彼らはやはりどうしても持っている価値観というのは、両親から入ってきた情報で、そこで止まっているわけです。そのあとは、自分が社会に出るまでないわけですからね。だからどうしても、この2世代くらい遅れた情報しかない訳です。ですからOB・OGの方々に、是非大学に来ていただいて、今の現場の第一線の状況について話していただけると、彼らの価値観もどんどんアップデートできていいし、それをやる必要があるということですね。特にそのギャップが大きいですからね、今。

川村社長　そうですね、確かに親御さんからの話が、主な情報源なのですね。

横井先生　あとは先生とかですね。

川村社長　そうですね。親御さんが公務員でしたら、安定的な職業を勧めるでしょうね。

横井先生　ええ。ところが今の現実の社会はどんどんグローバル化していてスタンダードも変わってきていて、という先程の話じゃないですけれどもね。そういうものに、いきなり、面食らうわけですよね。あるいは、もう日本語じゃない社会とかですね。だからそういうものが、すぐそこまで迫っているということを、やっぱりこれから本当に教えてやらないとだめだ、ということが僕らの仕事ですね。

川村社長　そうですね。私はいろんな所でお話させていただきますが、やはり今、日本人って自信を失っています。しかし、日本人の強さってありますよね。モノに対するこだわりみたいなものっていうのは。それは今、いろんな文化にも反映されていますよね。

横井先生　ええ。

川村社長　日本は現場が強いため、マニュアルも必要ない。欧米ではある意味、工場でものを作る方が、自らその改善をしようとか、提案をしようとかいうような文化・土壌・風土があまりないと思います。日本の強さは、やはりそこにあると思うのです。しかし、残念なことに学校の教育の中で切れてしまって、だんだんそういうものが伝承されなくなってくる。日本の良さが失われてきているというのが、企業にも責任がありますが、これは強めていかないといけないと思います。

横井先生　なるほど　なるほど。

川村社長　もう日本の場合は資源がありませんから。資本は人しかありません。

横井先生　人的資本しか、ないですね、確かにね。

川村社長　ええ。脈々と日本の強さをつなげていく必要性があります。もうこれは教育でお願いするしかないと思います。

横井先生　なるほど。そういう意味では、共にといいますか、お手伝いしていただく分野は大学には一杯あるので、今後ともひとつよろしくお願いします。

川村社長　ええ。とんでもないです。こちらこそ。精一杯、私どもとしても連携していきたいと思っています。

横井先生　ありがとうございます。今日は朝から長時間本当にどうもありがとうございました。今後ともひとつよろしくお願いします。

大友先生　これからも是非、30代、40代の方を大学にバックさせていただきたいと…

川村社長　わかりました。

久保田氏　社会人も少し大学で再度勉強した方がいいですね。

菊池先生　僕も久しぶりにああいう話を聞いて、自分にとってみての振り返りになりました。

一同　ありがとうございました。

結びにかえて 「近頃の若者」の生活実態と意見を調査する

小川 智由

明治大学商学部では、2008年度に『特別テーマ実践科目』という少人数制の授業科目群を新設しました。その目的は、学生の課題発見力、情報収集分析力、問題解決力、コミュニケーション力、チームワーク、リーダーシップ、プレゼンテーション力、そしてビジネスセンスなどを養成することです。商学部の専任教員が手分けしてその科目群の授業を担当、1テーマの受講生は15～20人程度で、毎年10～15テーマを開講、年間で200人を上回る人数の学生が受講しています。

素直でおとなしく、受身で覇気がない学生が増えていると一般にいわれています。現に学生と接して感じるのは、出された問題には予め用意された「正解」があると思い込んで、正解への近道を探そうとする学生が多いこと、自分の答えが正解かどうかばかりを気にかける学生が目立つことです。しかし卒業後に社会で求められる力は、自分で問題点を見つけて状況を分析し、その解決案を企画提案し、仲間と実行する能力でしょう。用意された正解をいかに上手に見つけるかという、学生時代の思考様式のまま社会人として仕事に就いて混乱をきたし、勤務先や仕事に限界を感じる新入社員が目立つという話もよく耳にします。

講義形式の授業では学生の自主性を養成しにくいし、学期末に実施する授業内容の理解度を測るための筆記試験では、知識の暗記偏重に陥りがちです。そこで、学生たちが潜在的に持っていると思われる前向きな意欲、企画力や若々しくて斬新な

発想力、仲間と協力して自分を高めたいという気持ちを発揮させようと開始したのが、商学部の『特別テーマ実践科目』という少人数制の授業科目群です。

その授業の中で、「若者のライフスタイル調査」をテーマとして、全国の18～22歳の男女合計1千人を対象にしたライフスタイル調査を実施しました。世間からは頼りない、元気がないといわれることの多い若者たち自身の実態や意見を調べた結果、向上心と行動力を備える「しっかり型」、元気で行動力に富む「こだわり型」、向上心はあるが行動力が弱い「なりゆき型」、そして「ひきこもり型」という4タイプの若者クラスターが抽出されました。その調査結果の一部は、最後に紹介した通りです。

この調査を実施した学生たち10人は、自分たちが分析した結果を、学内での授業成果報告会などで発表するだけではなく、マスメディアを通じて広く社会に知らせようということで、マスコミ向けのリリース用資料を作成して、自分たちの手でそれを持参して報道機関への呼びかけや、記者や番組ディレクターの方々への調査結果の説明を行いました。その成果として、毎日新聞、朝日新聞、日本経済新聞、ニューヨークタイムズなどに、調査結果が引用されるとともに、エフエム東京のラジオ特別番組にも出演しました。その調査結果は、若者たち自身が実施した、若者のライフスタイル調査として、多くの方々から大きな注目を集めることができました。また学生たちもそうした反響から、自分たちで分析した独自のデータに基づく主張が、どれだけ説得力を持ち、そしてそれを裏付けとすることで、どれだけ自信を持って自分の意見を主張することができるかを、身をもって体験したといえるでしょう。

『「近頃の若者」の生活実態と意見調査』の結果から

【調査概要】

調査対象：全国の18歳から22歳の男女500人ずつ、計1000人
調査方法：インターネットを利用したアンケート調査
調査期間：実査2010年7月、集計分析2010年8〜9月
分析方法：クロス集計分析・因子分析およびクラスター分析

【主な調査結果】

1．現代の若者4類型

ライフスタイルに関する60項目の質問をもとにクラスター分析した結果、行動力と向上心を軸に、現代の若者を4つのグループに類型化することができた。

《なりゆき型》

37・2%を占める最大規模のクラスター。あまり欲はなく、気楽に考え、安楽な方向へ行動している。向上心はある程度あるが実行が伴わない層。

《しっかり型》

34・8%を占める多数派クラスター。向上心が強く、自分を磨く

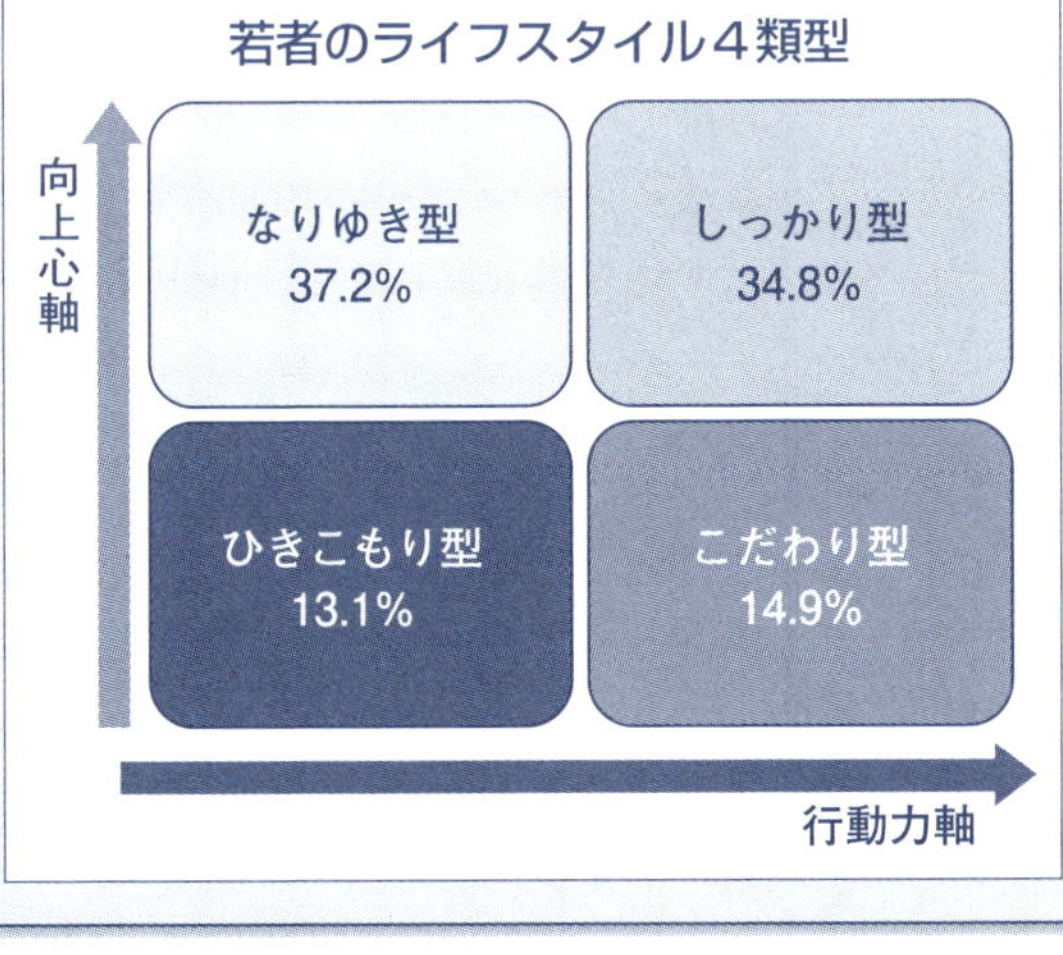

ために努力している。情報感度も高く、個性を発揮したいと考えている層。

《こだわり型》

14・9％とやや少数派のクラスター。幅広く多方面に興味を持ち、行動は積極的。また、自分の考えや行動にこだわりを持っている層。

《ひきこもり型》

13・1％で最小のクラスター。社会との関わりが弱く、人付き合いを避ける傾向がある。何事にも消極的で、無気力・無関心な層。

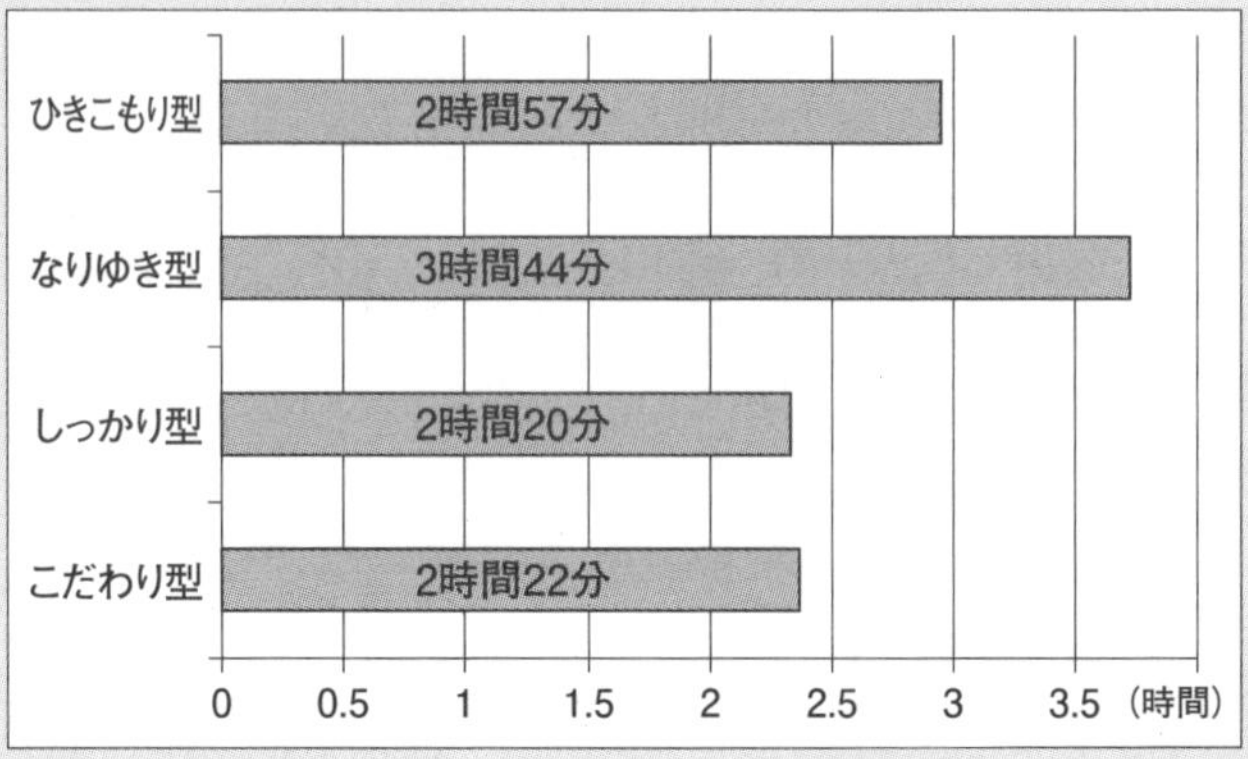

2．若者の類型別にみた、生活実態と意見

(1) 生活時間の多くを占めるパソコン

① 部屋にこもってパソコン

「自宅でパソコンに向かっている時間」が圧倒的に長いのは《なりゆき型》で、3時間44分（平日）、次いで《ひきこもり型》が2時間55分（平日）である。行動力が伴わない2つのグループにパソコン使用時間の長さが顕著である。

② 「しっかり型」は休日にショッピング外出

《しっかり型》は「ショッピング・買い物などの時間」、「学習時間（資格取得、英会話など）」、「アルバイトや副業、家業手伝いなど」が比較的長い。《ひきこもり型》は「睡眠時間」と「自宅でパソコンに向かっている時間」以外はいずれも短い。

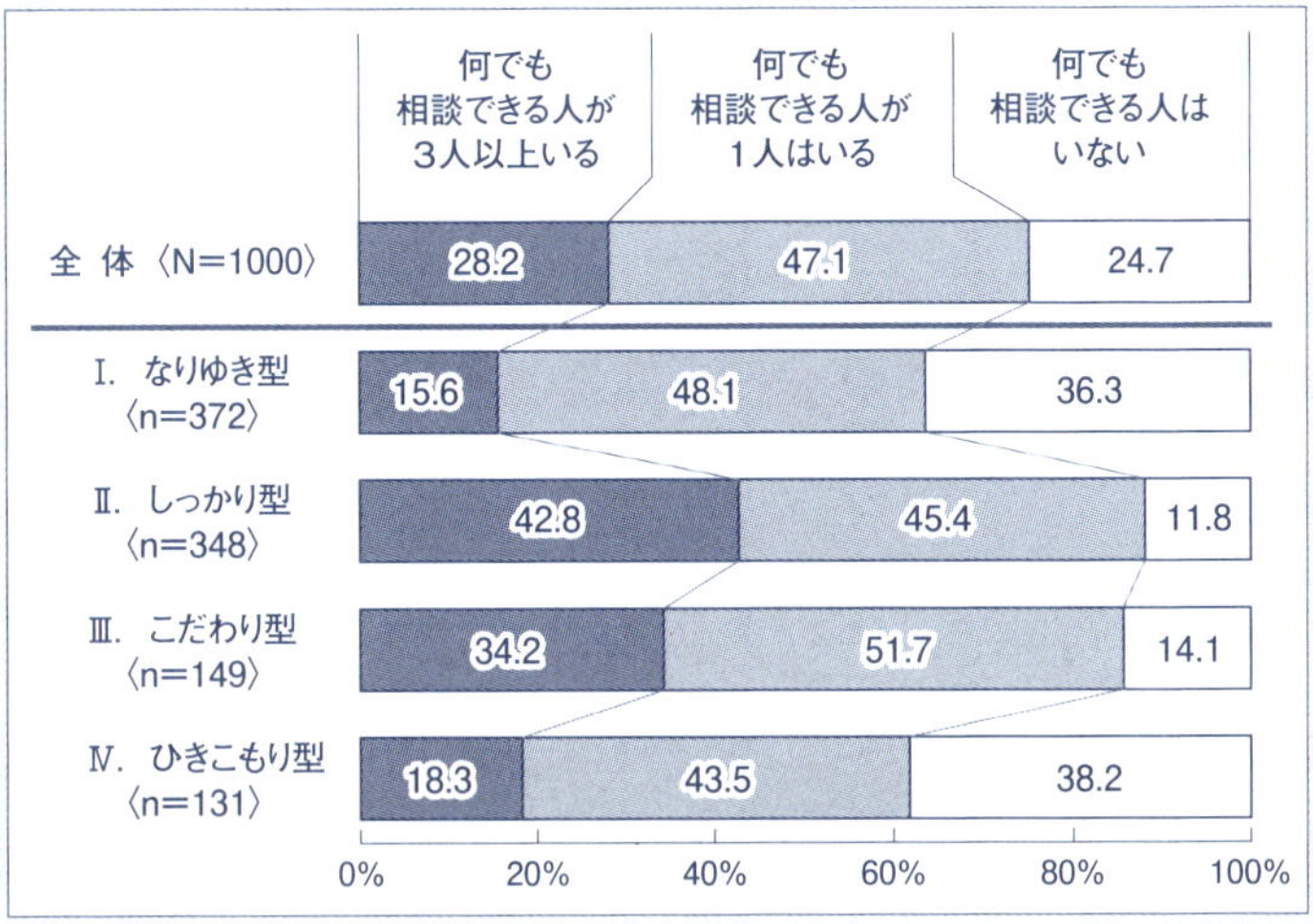

(2) 相談相手

① 4人に1人は相談相手がいない

全体でみると、「何でも相談できる人が1人はいる」が47・1%、「何でも相談できる人が3人以上いる」が28・2%であり、〝相談できる人がいる〟割合は75・3%となっている。「何でも相談できる人はいない」は24・7%で、4人に1人となっている。

② 孤独感の強い「なりゆき型」「ひきこもり型」

《なりゆき型》と《ひきこもり型》は「何でも相談できる人はいない」が多く、「何でも相談できる人が3人以上いる」が少ない。この2つのクラスターはやや〝孤独感〟が強いといえよう。

《しっかり型》は「何でも相談できる人が3人以上いる」が42・8%と多く、「何でも相談できる人はいない」は11・8%と少ない。

(3) 日本の若者は幸せか

① 老後が心配

全体でみると、「日本の若者は幸せである」と思っているのは48・5%と半数に満たない。

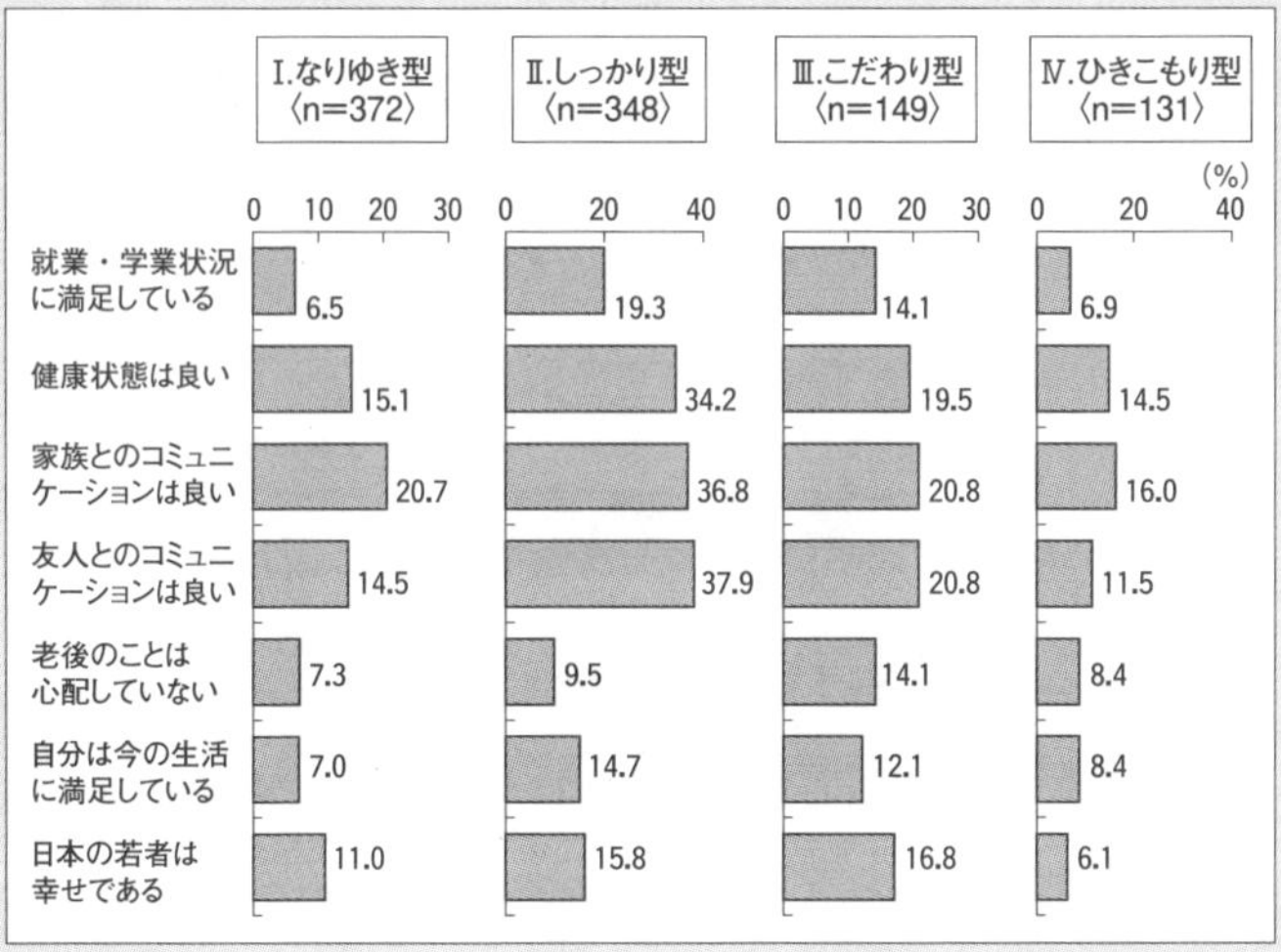

肯定率（「その通り＋ほぼその通り」を合わせた割合）をみると、「家族とのコミュニケーションは良い」（73・8％）、「友人とのコミュニケーションは良い」（72・1％）が7割強と高い。一方、否定率（「やや違う＋まったく違う」を合わせた割合）でみると、「老後のことは心配していない」（69・1％）、「恋愛・夫婦関係は順調である」（63・1％）が6割を超えている。7割の若者が老後のことを心配している。また、「自分は今の生活に満足している」（否定率56・8）も否定的見解の方が多い。

②「なりゆき型」と「ひきこもり型」は"満足度が低い"

ライフスタイル別にみると、行動がアグレッシブな《しっかり型》と《こだわり型》は現在の生活に対する満足度・幸福観が高く、老後に対する不安も低めである。一方、《なりゆき型》と《ひきこもり型》は現在の生活に対する満足度・幸福観が低い。

【調査を担当した学生】

商学部4年　椿野太介
商学部3年　江部奈々美、落合徹、木賣光太、黒田瞳、鈴木咲世、原伸天
商学部2年　北出洋太、福崎友莉恵、湯木遥子

あとがき

～社会連携活動の今後に期待して～

いま大学の教育は、2つの点で大きく変わりつつあります。1つは国際化であり、もう1つは社会連携活動です。第一の国際化については、具体的には外国人留学生の積極的な受入れ、英語による授業の拡充、日本人学生の海外留学支援、さらには大学の国際ネットワークの形成などであり、2009年に国際化拠点整備事業（グローバル30）の拠点校に選ばれた大学を中心に、その取り組み実態については比較的簡単に最新情報を得ることができます。しかし、これに対して、第二の大学の社会連携活動に関しては、取り組んでいる大学の多さと対象の広さもあって、各大学の最新事情を把握することはなかなか容易なことではありません。

文部科学省が各種の教育支援プログラム（GP：Good Practice）を全国の大学等に募集しはじめたのは、いまからほぼ10年前のことです。それを契機として、地域連携や産学連携による大学の社会連携活動は急速な広がりを見せ、教育改革プログラムの合同フォーラムも毎年大規模に開催されております。しかし、地域連携や産学連携の取り組みが大学教育のなかでどのように位置づけられ、どのような成果を上げてきたのかという点についての議論は、まだ不十分なレベルに止まっております。

理系の分野では、たしかに産学連携に関する文献は多数出版されておりますが、文系の分野での地域連携や産学連携の具体的な事例については、これまであまり紹介されてきませんでした。本書の最大の特徴は、こうした点を踏まえ、明治大学商学部の経験に基づいて、地域・産学連携の文系モデルを提示している点にあります。

商学部の「広域連携支援プログラム—千代田区-首都圏ECM（Education Chain Management）—」が「現代的教育ニーズ取組支援プログラム（現代GP）」に採択されたのは2005年に遡りますが、そのプログラムでは「『大学の教育力』で地域社会に貢献すると同時に『地域の教育力』で学生を育てる」という目標を掲げました。続いて2009年には「地域・産学連携による自主・自立型実践教育」という取り組みが「質の高い大学教育推進プログラム（教育GP）」に採択されましたが、その際には「沈黙する学生たち」を「社会が見える学生」そして「社会から見える学生」へと「見える化」する多彩な『特別テーマ実践科目』が学部の正規科目として用意されました（2010年度の開設科目については、180ページを参照して下さい）。

本書で紹介されている商学部学生による社会連携活動（地域連携・国際連携・産学連携）は、以上の6年間の取り組みの一部であります。明治大学商学部では、この冊子で紹介されたような数多くの「社会に飛びだす学生たち」が、学問や理論に裏付けされた社会での実践活動を通じて様々な実力を培っています。さらに今後は、新たな研究領域・学生たちの新たな実践のフィールドとして、世界のファッション・ビジネスやファッション・マーケティングの分野にも着目しております。明治大学創設130周年を迎え、商学部ではそうした新たな領域を核にしたグローバルな取り組みも視野に入れています。

最近では「学生の主体的な課題解決能力をいかにして養成するか」というテーマが頻繁に論じられていますが、明確な方策はいまだ示されていません。それと同じように、大学のカリキュラムのなかで社会連携活動をどのように位置づけていくのかという問題もいまだ不明確なままです。これらの問題は「大学教育の国際化」以上に難しいテーマかもしれませんが、ともあれ、いま求められていることは、全国の大学が10年近くにわたって取り組んできた社会連携活動を総括して、問題の所在と取り組みの可能性を再確認することではないでしょうか。本書が、それに少しでも貢献できれば望外の喜びであります。

なお、本書は『新版　これが商学部!!』（同文舘出版、2010年）の続編〈これが商学部シリーズ〉第2

巻）であり、各章各節および「結びにかえて」の本文の執筆陣は全員が社会連携活動を実際に指導してきた商学部の教員です。本書で紹介した各種の取り組みでは、地方自治体やＮＰＯ、民間企業の方々をはじめとして、じつに多くの方々のお世話になりました。執筆者一同を代表して、改めて心よりお礼を申し上げます。

最後に、今回も本書刊行に際しては、同文舘出版の中島治久社長ならびに同社編集部の角田貴信氏に大変お世話になりました。本書がほぼ予定どおりに刊行できたのは、ひとえに角田さんの優れた編集能力と忍耐力、それと今回もイラスト作成をお願いした大竹美佳さんの手際の良さのおかげであります。心よりお礼申し上げます。

２０１１年３月

明治大学　商学部長
横井勝彦

商学部のカリキュラム全体像

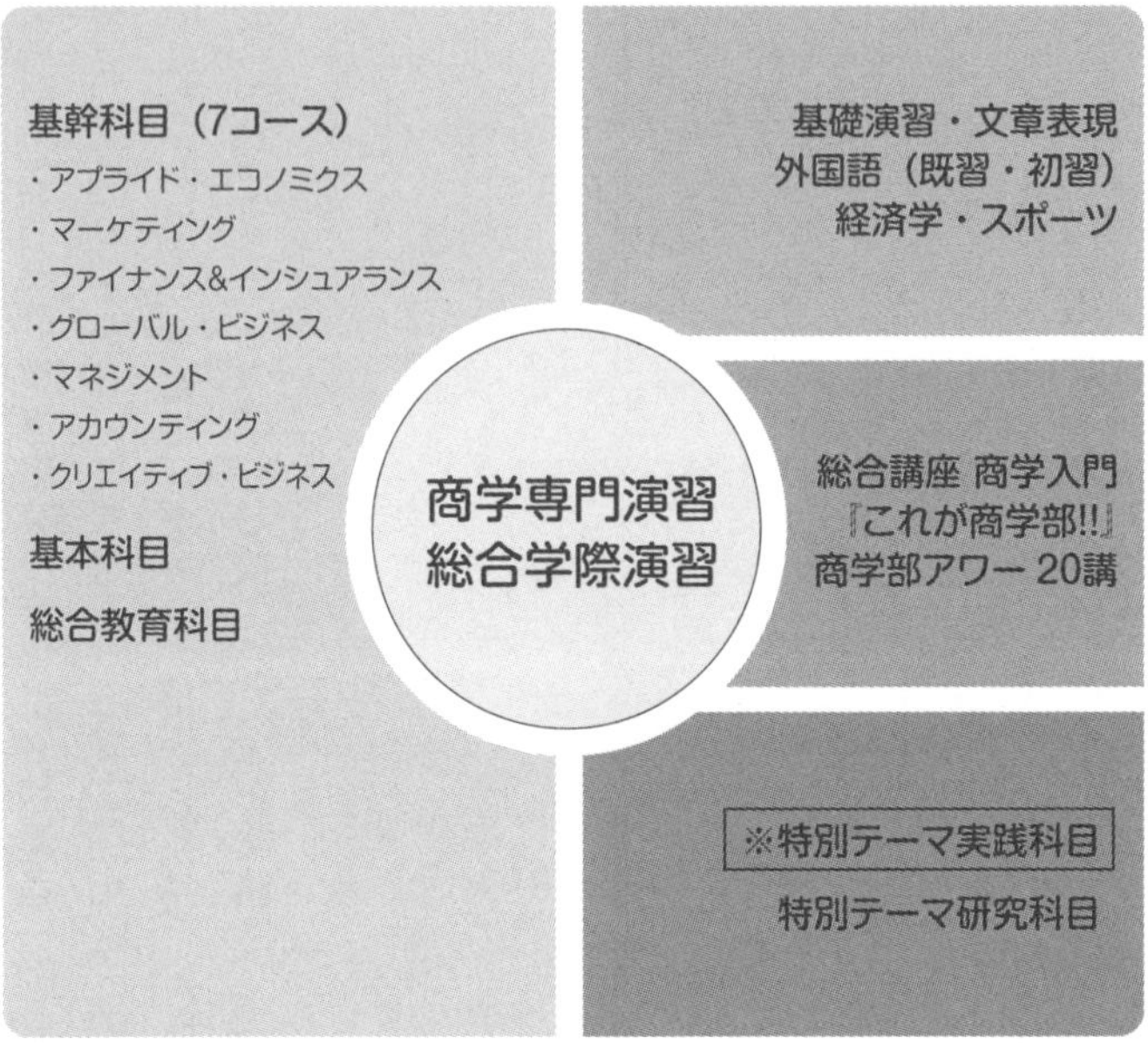

※本書の各章で紹介されている取り組みのほとんどは、『特別テーマ実践科目』の取り組みです。

1. 初年次教育プログラムのパッケージ化

（1）少人数の導入教育：基礎演習、文章表現
（2）修学指導：総合講座 商学入門、商学部アワー、『これが商学部 !! 』
（3）学び導入プログラム、読書案内「知の森へ」

2. 1・2年次必修科目の教育目標

（1）外国語（既習・初習）：発展外国語、留学、外書・専門外国語科目への展開
（2）経済学：基本科目、基幹科目、演習科目、特別テーマ科目の基礎科目

3. 講義科目（教養と専門）の編成

（1）総合教育科目：専門の枠を超えて、現代社会で求められている教養教育科目
（2）基本科目：3・4年次の、専門および専門基礎教育への導入科目
（3）基幹科目：世界標準の専門教育科目（商学部7コース制の基軸）

4. ダブル・コアに基づくゼミナール教育：教養を備えた専門的な人材の育成

（1）商学専門演習：基本科目・基幹科目（7コース）担当教員のゼミナール
（2）総合学際演習：総合教育・語学・体育保健科目担当教員のゼミナール

5. ダブル・コアを補完・補強する特別テーマ実践科目と特別テーマ研究科目

（1）特別テーマ実践科目：実践的テーマをフィールドワーク中心に探究
（2）特別テーマ研究科目：現代的諸課題に対応する先端的研究を紹介

（注：上記カリキュラムは明治大学商学部の事例です。）

《検印省略》

平成23年4月15日　初版発行　　略称：商学部2(社会)

これが商学部シリーズ Vol.2

社会に飛びだす学生たち

～地域・産学連携の文系モデル～

編　者　Ⓒ明治大学商学部

発行者　　中　島　治　久

発行所　同文舘出版株式会社

東京都千代田区神田神保町1-41　　〒101-0051

電話 営業(03)3294-1801　編集(03)3294-1803

振替 00100-8-42935

http://www.dobunkan.co.jp

Printed in Japan 2011　　製版：一企画

印刷・製本：萩原印刷

ISBN 978-4-495-64401-7